Knowledge BASE 系列

一冊通曉 現代人不可不會的數據分析法

圖解 統計學入門

修訂版

小島寬之 著　韓雅若 譯

推薦序

大開入門途徑，輕鬆學習統計

文◎鄭宇庭（國立政治大學統計學系副教授）

統計學是現今各領域必備的工具
統計學家是未來十年最迷人的工作

　　之前有一篇文章在網路上被廣泛地討論，這是在《紐約時報》二〇〇九年八月六日的一篇文章，文中提出「未來十年內最迷人的工作，會是『統計學家』」，當中舉了一個例子，談到一位在哈佛大學主修「人類考古學」的研究生，她的研究主題是馬雅人當時定居的模式。她說很多人都認為「人類考古學」的工作會是像電影中印地安納瓊斯（Indiana Jones），但是她真正所做的卻是馬雅人的手工製品分布的資料分析（Data Analysis）。她在畢業之後馬上被Google以高薪聘請，主要是借重她對於大量資料的統計分析能力，來加強Google搜尋引擎的功能！

　　之後相繼又有多篇的文章在介紹數據科學（Data Science），這是在討論我們每天在日常生活中所碰到的現象——大量的數據資料。我們要如何來應對？因應目前我們所面對的愈來愈多的數據趨勢，IBM早在二〇〇九年四月就成立了一個「商業數據分析與優化服務」的研究部門，聘用了兩百多位數學家、統計學家及資料分析師來做商業數據的分析，運用各式各樣專門的統計挖掘軟體，希望可以從企業大量的資料中萃取出「黃金」（有用的資訊），這也就是目前大家所常談論的資料採礦（DataMining）。IBM更提到為了要應付目前數據成長的趨勢，未來他們準備還要再多聘請四千位的數據分析師。

　　如何從一大堆數字或資料萃取出有用的資訊？我們平時會碰到各式各樣的數據，各行各業都會需要應用到統計方法來分析這些數據，不管是個人、企業還是行政部門，都離不開數據資料分析。個人在自己的工作或財務管理，都需要對相關的數據資料進行搜集和分析；企業要做好生產和銷售，必須進行生產控制、市場調查、成本評估等，也都需要去搜集有關的市場資料、生產資料和成本資料等進行整理和分析；行政部門要進行經濟建設和社會發展，更離不開有關國民經濟和社會發展的統計資料，以此為基礎進行分析和決策。可見統計與現代人的生活息息相關，隨著科技的發展，統計已經是今天各個領域必備的工具了。所以無論你同不同意、適不適應，所有學問都必須用到統計學的時代來臨了——掌握了統計學，就等於掌握了全世界。

從觀念和實際應用起步
統計學也能輕鬆明白充滿樂趣

　　但是統計一直是許多初學者的夢魘，因為統計學中有太多的數學，包括許多的運算公式與專業術語，都會讓初學者望而生畏。可是統計又是處理數據資料的科學，我們幾乎每天都離不開這些數據，有鑑於此，本書作者特別針對初學者撰寫此書。作者捨棄學理的論述，而用簡單的計算例題和具體的案例，以深入淺出的方式介紹統計學的觀念和實際應用，同時配合圖表說明，引發學習的興趣。統計學是需要多做練習的學科，因此，本書於各講之後皆附有練習題，供讀者練習參考，以提高學習上的成效。作者期待能在統計教育的革新改變中，幫助所有想學習統計的初學者，能進入一趟毫無負擔的統計學習之旅，了解統計的本質與意義，並為學習興趣注入活力。本書由帝京大學執教統計學的教授小島寬之編寫，除了在學術上的專業之外，更結合作者多年來的教學經驗，以及對讀者程度與學習心態的掌握，更使用作者個人新的見解——統計學的邏輯有某種「跳躍」現象，以最簡潔易懂的方式，向剛開始學習統計學的讀者介紹統計學的觀念。

　　作者在第一部分將統計艱深的數學概念予以簡化，對常用的統計觀念及原理做一基本的介紹，並藉由實際案例的說明，引導讀者了解統計方法的概念，期使讀者研習統計學時，能以有系統、具效率的方式吸收。讀者並不需要高深的數學知識才能讀懂這部分，因為裡面談的，全都是最基本、最易懂的統計，例如次數分配、平均值、標準差。在第二部分以深入淺出的方式探討統計學中的重要的兩個概念「檢定」及「區間估計」，透過生活化的實例，利用敘述的方式，把最重要的兩個基本概念解釋得清清楚楚。這本書能讓初學者茅塞頓開，輕鬆解讀、掌握統計學的兩個重要的概念，使得統計學變得富有意義，不再艱深難懂，是一段深入理解統計學的完整學習體驗。對於初學者及想一窺統計學堂奧的讀者，這是一本不可多得的好書。

　　本書呈現給讀者一個絕佳的統計學習課程，不僅易學好用，並且以獨特的風格提供了豐富詳實的說明。假如你對其他艱深難懂的統計學望而卻步，你會深深愛上這本書。本書將改變讀者對統計是一門難學的科學的印象，讀者讀完此書後定會發現其實學統計很輕鬆！

3

第 **0** 講

本書的立基點

第 **1** 部

快速學習！
從標準差到檢定和區間估計

第 **1** 講

用次數分配表和直方圖
刻畫資料的特徵

第 **2** 講

平均數的作用與掌握方式

第 **3** 講

變異數與標準差

第 **4** 講

藉由標準差來評估手上資料
為隨處可見、抑或不同一般

CONTENTS 目錄

是這樣的一本統計學的書

本書是為以下讀者而寫的統計學入門書：
- 第一次學習統計學的人
- 想重新學習統計學的人
- 歷經無數挫折，至今還尚未融會貫通的人
- 正為成績一落千丈而苦惱的人

本書有別於其他教科書，具備了幾項優勢特徵，這裡先簡單列出幾點，在第0講中會對此做完善的介紹，想要了解詳情的話請翻閱那一章節。

①「要是再刪減下去，就不算是統計學了」。**這本堪稱最簡要的入門書是以最少的數學運算工具、和最淺顯的字句所寫成。**

②本書幾乎不談機率方面的知識，也完全用不到微積分和Sigma符號。書中**用到的數學相當於國中程度，最難的部分僅止於根號和一次不等式。就算**不懂高中數學、或是忘了也沒有關係。

③每一講都提供簡單的填充練習題，**最適合自學使用。**

④第一部將從最基本的概念開始學起，**務求在最短時間內學會「檢定」和「區間估計」這兩項統計學最重要的項目。**

⑤在第二部裡，將深入探討第一部的內容，**運用代表統計學衣缽真傳的 t 分配，最有效率地完成小樣本的檢定和區間估計。只要能夠掌握基礎，就可**以充分理解這個部分。

⑥**親身體會標準差的意義，透過簡單的計算題和具體案例徹底解說。**

⑦**以統計學的角度理解股票和投資信託的風險，選擇金融商品時就能更精打**細算。

那麼，我們馬上開始吧！

統計學的樂趣，在於它的「跳躍」

　　筆者在大學系上專攻的是數學，但那時卻對機率和統計一點都不感興趣。不僅如此，甚至認為無論從哪種角度來看，涉及到「現實」的機率和統計都不是數學。以往筆者總覺得數學完全是概念式的、抽象的東西，不可能會和現實有交集。

　　原本抱持這樣觀念的筆者，與統計學第一次交手是在年過三十五歲，決定報考經濟學研究所的時候。看著研究所的考古題，筆者心想自己在大學沒修過經濟相關課程，選擇經濟學的試題一定會吃虧。而統計學試題的話雖然同樣都不懂，但選擇這邊可能還比較有利。

　　所以，筆者買了好幾本統計學的教科書一一讀完，但不管哪一本都覺得看了似懂非懂，只有一知半解，令人心焦難耐。幸好在那些書籍當中，筆者遇上了霍爾（P. G. Hoel）的《數理統計：理論與應用》（Introduction to Mathematical Statistics）（培風館）（譯注：台灣由復文書局出版），在朦朧之間勉強認清了統計學的定位。霍爾著作的架構安排明顯不同於其他書籍照本宣科的寫法，從而解決了筆者一部分的疑惑。

　　雖說有幸考上了研究所，然而當時的狀況卻完全稱不上學會了統計學，有種張嘴卻吞吞吐吐講不出什麼東西來的煩悶感，但也弄不清疑點何在，就這樣筆者在研究所裡上完了所有統計學課程，這就是和統計學的第二次交手。

　　但研究所開的課程不愧是由專業的統計學者來授課，令筆者獲益良多，在學習的過程中總算明白了「吞吞吐吐講不出來的東西」是什麼。

　　若用一句話來形容，那就是在統計學的邏輯中有某種「跳躍」的特質。在本書正文裡也有提到，推論統計是一種「由部分推測全體」的「歸納法」，而熟悉數學這種完美演繹法的筆者終於了解到，要看懂並接納這種充滿跳躍的邏輯體系，就非得在腦中暫時切換掉習慣的思考方式才行。到了這個階段，筆者對統計學的了解總算能夠達到和教科書一樣的程度。

　　第三次和統計學交手，是以帝京大學的教職員身分教授學生統計學。當然，筆者可以按照教科書的難度來授課，但要是教的人只能理解教科書難度的東西，聽課的人就無法達到相同水準的認知。筆者認為學生的理解之所以不夠透徹，問題不在他們的努力不夠，而在於教的人想法太膚淺。

因此這一回，筆者要以「自己的頭腦、自己的作風」從根本重新思考統計學。

筆者想以更自然、更明快、更直覺的方式，去解釋統計學「跳躍」的真面目。幸而這時筆者以一名經濟學家身分正在鑽研數理經濟學研究的其中一環──「機率論的決策理論」，而在埋首於學問、認真探討何謂機率的當中，亦同時完成了自己對統計學中「跳躍」部分的獨家看法。

這項筆者的個人見解就是書中所稱呼的「預測命中區間」，它是在探討「機率中的時態在本質上是什麼」的過程中，所衍生出來的副產品。這種想法從未出現在筆者過去所讀到的教科書上，或許確實屬於異端的思維。然而在這項見解成型之後，筆者終於消解了心中對於推論統計的那股煩悶感，因此本書亦會將這項觀念完整提出。當然，這單單只是「見解」的問題，就算無法認同這一點，也不會對統計的計算和操作流程造成任何障礙，請讀者可以放心。

以這樣的個人觀點來寫書，或許會讓人以為筆者對於統計學方法抱持著批判性，不過事實卻完全相反。

筆者認為，統計學正因這樣的「跳躍」性，才能夠與現實有緊密的連結，唯有如此見解才能把統計學描繪地栩栩如生。想必筆者是受惠於離開了數學的世界而跨足到闡明俗事現實的經濟學領域裡，才能夠衍生出這樣的想法。希望各位讀者也能藉由本書對統計學產生興趣，享受它「跳躍」的一面，進而運用在生活上面。

雖然筆者是機率論專家，不是統計學專才，為求慎重起見，筆者邀請了計量經濟學者──駒澤大學的飯田泰之先生替本書監修。感謝飯田先生在倉促之下仍欣然接受請託，由於當時進度緊迫，或許過程中會有一些漏看或約略讀過而未挑出的毛病，當然，若有如此缺失全是筆者一人的責任。

最後要感謝鑽石社的和田史子女士，本書從企劃到編輯都由她一手包辦。和田女士對原稿毫不留情地提問，讓本書的每一個環節都能達到淺顯易懂，這一切的成果都源自和田女士渴望從根本上理解統計學的熱忱，而這份熱忱不僅是筆者，相信讀者也一定可以感受得出來。要是本書能夠滿足讀者您的期待，這都是拜編輯的熱忱之賜，希望大家能對此給予讚賞。

小島寬之

第0講 本書的立基點
高效率且按部就班地理解統計學

1 本書分成兩個部分

　　本書為統計學入門書，是以**最精簡的計算工具、最淺顯的字句**所寫成，筆者甚至可以大膽地說：「**要是再刪減下去，就不算是統計學了。**」

　　本書由兩個部分所組成。**第一部將從基本中的基本開始學起，務求在最短時間內學會統計學最重要的兩個項目「檢定」和「區間估計」。**

　　只要讀了第一部，就能夠在短時間之內了解統計學的目的為何、以及依據什麼樣的觀念在實際應用。

　　如今正為「不管到哪裡都學不會統計」抱頭苦惱的人、或者無論念了多少入門書總是遇上相同瓶頸的人，**請一定要翻翻這本書的第一部。**

　　第一部會提到那些讀者想要理解卻難以明白的概念，平日忙碌的讀者閱讀到這樣的地方想必能夠恍然大悟：「原來統計學是這樣的啊」，而有值回票價的感覺。

　　在第二部裡，則會進一步探討第一部的內容，解說和母群體相關的推論統計方法。**第二部的目標是要用「ｔ分配」最有效率地完成小樣本的檢定和區間估計，**儘管只要明白了這個部分就能掌握到統計學的重點，然而許多學子來到這裡之前便已受盡挫折。

之所以會如此，最常見的原因在於資料處理和機率的部分，這兩者幾乎都以同樣的計算方式來定義，但其概念該怎麼個別探討才好，其間的區別極為不易掌握。正因為不明白這一點，才讓學習者猶如墜入五里霧中。

本書的第二部包含資料處理和機率的不同之處，在編纂時快刀斬去易對門外漢造成混淆的概念和枝節（但學術上務求精確時仍有其必要性），在內容結構上讓讀者能夠直接領會推論統計的本質。換句話說，第二部某種意義上是要**朝著目標急速奔馳、全力衝刺**。

☑ 統計學是什麼──敘述統計和推論統計

大抵而言，統計學是由兩個部分所組成，其一為「**敘述統計**」，另外一項則為「**推論統計**」。

所謂的敘述統計，總歸來說就是一種**從蒐集的資料中解讀其特徵的技術**，起源可說由來已久。比如說，要是將人口普查視為資料的一種，那麼《舊約聖經》中摩西所處的時代和羅馬帝國時期就都用到了統計的概念。在中國漢朝及日本大化革新之際，也曾為了徵稅而舉辦人口及土地普查。

不過敘述統計最為可信的起源，得追溯到十七世紀的時候。

德國學者康令的《國情論》、英國軍人葛蘭特的《針對死亡表的自然與政治觀察》、佩堤的《政治算術》，以及哈雷的《死亡率之估計》，以上都堪稱敘述統計之先驅。從這些人的研究當中，可以清楚地看到出生率和死亡率資料的特徵為何，這便是敘述統計的思考面向。

在這之後，發展出了直接擷取資料特徵的方法，包括**次數分配表**和**直方圖**等圖表法，以及**平均數**和**標準差**等各式各樣的統計量。如今，在掌握社會經濟現況與調查氣象和海洋等自然環境上，都會用到這些方法。

相對來說，推論統計則是結合了統計學手法和機率論，以**針對「大到無法掌握全體的對象」**及「**尚未來臨的未來將發生的事**」來進行推測。這套方法是在二十世紀時確立，其意義在於「**由部分推論整體**」，稱之為前

所未有的嶄新科學亦不為過。

　　比較貼近生活的例子是選舉快報，這可以說是典型的推論統計成果，在開票率尚在百分點階段時就能發表「確定當選」的報導，便是推論統計的功勞。除此之外，在地球溫室效應的預測、股價預估、以及金融商品和保險商品的定價策略上，推論統計亦是不可或缺的工具。

3 本書最為重視標準差（S.D.）

　　本書第一部的前半段雖然在講解敘述統計，但內容多集中火力在**針對「標準差」的意義進行徹底的說明**。所謂的標準差是統計量的一種，用來表示「資料以平均數為基準所分布的範圍有多廣、又是如何分布」。筆者縱然心知**統計學最重要的工具就是標準差**，不過很多統計學教科書卻只說明其定義和計算法就一筆帶過，這麼一來學習者便無法體會標準差的意義與重要性。

　　然而，**若沒有充分領悟標準差的真意，那麼當碰到從標準差發展出來的常態分配、卡方分配和 t 分配等推論統計法時，就會完全摸不清那究竟是拿來做什麼的**。筆者認為這就是使許多人對統計學信心受挫的緣由。

　　因此在本書當中會用各種方式來講解標準差，舉例之豐富會讓人吃驚道：「這也是標準差嗎？」。**沒有一本教科書會以這麼多頁數來談論標準差**，這一點筆者很有自信。簡單來說，本書不只要明示標準差的定義，還會利用公車誤點、衝浪者的譬喻、以及選購股票的指標等案例，讓讀者得以具體理解標準差的意涵，並且也能連同了解其所附帶的「功效」，亦即成為判斷金融商品是否優異的重要指標——波動率和夏普指數。生活在二十一世紀高度的金融社會，這些知識是非常有用的。

4 本書幾乎不談「機率」

正如第13頁講到「推論統計」時所述，要以統計學來進行推論，必須利用敘述統計法加上機率論的概念。在敘述統計中所學到的平均數，到了隨機變數的領域中會另外以「期望值」的名義再次登場，而資料的標準差在隨機變數裡，則仍舊稱為標準差。明明計算的方式完全相同，平均數和期望值卻被當成不一樣的東西，把學習者搞得一頭霧水。而事實上，筆者一開始念統計學的時候也是如此。

於是，由此所產生的混淆便隨著持續學習推論統計而逐漸擴大，到最後變得完全分不清什麼是什麼。

之所以會搞混，是由於**統計和機率之間有著微妙的不同**。所謂的統計，是要從觀測到的資料集合體中「**敘述過去發生的事情**」。而另一方面，所謂的機率則是「**描述未來發生的事情**」。如此一來，以「現在」為基準來看的話，兩者的意義就完全不同，不過要是往返於時間軸上，這份差異就會消失。

為什麼呢？因為「未來會發生的事情」要是過了那一刻，就會變成「已經發生過的資料」，而若追溯至「過去發生的事情」之前的時間點，其就成了「未來發生的事情」。這麼說來，對於不知是相同還是相異、關係微妙的統計和機率而言，由於他們都適用於平均數和標準差這種相同的計算方法，所以會感到錯亂也不是不可能的事。而且，在推論統計法上（這一點將在本書第九講中詳細探討）進行推測時，會探究「**是否應將所獲得的過往資料視為未來會發生的事**」，因此，愈小心翼翼的人就愈容易陷入「這到底是什麼？完全搞不懂！」這樣茫然的心境。

所以，本書為了避免產生這樣的混亂，而大膽嘗試了「**能不用機率就不用**」的解說方式。

只要實際將本書一頁頁地翻過一遍，就能立刻明白書上的內容，其他統計學專著中一定會出現的組合公式 $_nC_k$、以及諸如 P (X = x) 之類的隨機變數符號，在本書裡統統都不會出現。本書把**「在資料集合裡，資料 x 占所有資料的 p 個百分比」**和**「從資料集合中觀測一個資料時，其為 x 的機率為 p 個百分比」**這兩種狀況相提並論，進行講解。儘管這會忽視推論統計學家費心累積的理論框架，多少令筆者感到心痛，但為了避免令眾多初學者感到混亂，這也是必要的權宜之計，且應不至於讓一般的讀者產生太大的質疑。

5 採用「95%預測命中區間」來說明

然而，「過去和未來的差別」才正是關注的焦點，這種想法就成為檢定和區間估計的基礎。

在這裡，**筆者將提出個人的獨特見解，這在其他書上完全不會提到，用筆者所創的新詞來說的話就稱為「95%預測命中區間」**。這個詞彙是筆者對推論統計所獨創的解釋，從這個意義來看，也許會受到統計學專家的斥責，但筆者身為運用機率論的決策理論專家，在這裡要嚴正地主張這就統計哲學的意義上是一大特點。正是這種獨創性解釋，才能向大多數初學者傳達推論統計構想的精髓，這是筆者所抱持的信念。本書採取的這種講解手法或許讓專家覺得不太正統，卻也是最吸引人之處。

6 本書也幾乎不用數學符號和公式

由於本書大膽刪掉機率的部分，所以就沒有必要用到高中程度以上的數學。其他的統計學教科書無論再怎麼號稱「入門」、再怎麼強調「簡明」，一旦觸及到機率的部分就無法將高中程度以上的數學排除在外，一定會用上組合符號、Sigma符號和隨機變數的期望值，甚至還會出現微積分的符號與計算。

不過在**這本書裡，既不使用組合符號、Sigma符號和隨機變數的期望值，也將微積分統統去掉。使用到的數學僅止於國中程度，難度大約只有一次不等式和開根號計算。**

當然不可否認的是，像這樣將數學運算的部分以簡易繁，有礙於對統計學的全盤了解。然而筆者之所以選擇這種方法，是因為筆者認為「**統計學的觀念本質就算不使用數學符號和公式，也可以適當地傳達出去**」。或者可以說，對於因不擅長數學而無法理解統計學的初學者來說，如果能夠先理解到統計學的「純粹本質」為何，之後也可以從其他書上再去認識充滿數學的全套統計學。

除此之外，本書中亦**盡可能用文字來表示統計學公式**。比方說來，如果因為不習慣數學符號而避開數理科目，這就跟不會看樂譜所以不聽音樂一樣地可惜。想必每個人都會同意「音樂的本質和音符是兩回事」，同樣地，「**統計學的本質和數學符號也是兩回事**」，這就是筆者想要呼籲的觀念。

7 靠簡單的填充練習題即可自學

　　要熟習統計學，必不可欠缺的就是**實際動手計算練習題**，因此本書在**每一講最後都附上試題**，用來複習該章節的內容，程度非常簡單，而且**題型平易近人，只要依照順序填空，就可以自然而然地解出答案**，請一定要全部做完。

　　希望所有手上拿著這本書的讀者在讀完之後，能夠順利跨越統計學的門檻。現在開始正式進入主題吧！

快速學習！從標準差到檢定和區間估計

　　在第一部裡，學習的目標是要在短時間內了解「統計學的目的為何，以及依據什麼樣的觀念在實際應用」。本部分的前半段主要在說明敘述統計，談論從資料中解讀出其原有特徵的方法。這些手法包括次數分配表和直方圖等製圖法、以及平均數和標準差的統計量計算法。當中特別會用各種手法仔細講解「標準差是什麼」，務求讀者能「深刻體會」標準差的具體樣貌，並連帶理解標準差成為測試金融商品風險重要指標的附加價值。第一部的後半段則快速地講解什麼是推論統計，從常態分配出發，透過最少的計算工具、在最精簡的篇幅內探求至統計學的主角「檢定」和「區間估計」的概念。只要讀完第一部，就能夠順利將統計學的精髓吸收到腦子裡。

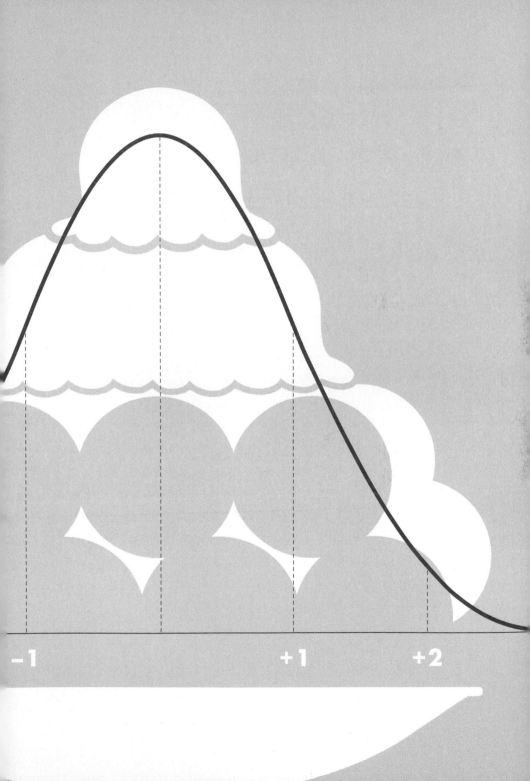

第 **1** 講
用次數分配表和直方圖
刻畫資料的特徵

▉1 將統計運用在混沌不明的原始資料整理上

　　我們在日常生活中或多或少都會接觸到資料，比如對做生意的商家來說，最重要的資料就是每天的來客數和營業額，學生的考試成績資料則在升學時占有很大的影響力。另外，成人每年做定期健康檢查時，也會特別留意血壓和血液成分的資料。生活中與資料無緣的人想必相當罕見。

　　然而，就算盯著單一零散的原始資料看也無法從單純的數字排列中瞧出什麼端倪。雖然「資料」在某種意義上正是代表著「現實本身」，不過，是「資料」也好，是「現實」也好，兩者同樣都有「若僅僅不得要領地直盯著看，就什麼都不會懂得」的情形。

　　比方說，請看右頁圖表1-1的資料。

　　這張表格是80位女大學生的身高資料。（節選自石村貞夫《談統計解析》（東京圖書出版）中所刊載的兩百名資料裡最前面80位）

　　聚精會神地注視這80個數字，可以導出什麼發現呢？

　　首先，雖然是相當簡單的道理，但還是需要先確認清楚一件事，「**女大學生的身高並非每個人都一樣，而是呈現出形形色色的數值**」。

　　儘管這群人可視為「日本成年女性」中的一部分，不過當中所屬成員的身高仍各自不同且呈現出各式各樣的數值。在統計學專有名詞中，「呈

現各式各樣的數值」稱為「**分配**」。之所以產生分配，是由於數值的背後有某些「**不確定性**」在運作，就是這不確定性的機制衍生出了各式不一的身高數值。不過，雖然以「不確定」來概括一切，實際上還是可以從這些數值看出資料原有的「**特徵**」和「**慣性**」。資料展現出的特徵和慣性便稱為「**分配的特性**」。

接下來就要問，這項身高資料具有的特徵和慣性是什麼？如果是熟悉資料解析的人，只要集中精神仔細觀察數值，就能從中導出許多結論，但在普通人眼底，這些資料卻只是一堆數字的羅列而已。

因此，要用什麼方法才能從這項原始資料、也就是從現實零散的實況中導出其分配特徵和慣性，就顯得十分重要。而這種方法就是所謂的「**統計**」。

圖表1-1 80位女大學生的身高（cm）

151	154	158	162
154	152	151	167
160	161	155	159
160	160	155	153
163	160	165	146
156	153	165	156
158	155	154	160
156	163	148	151
154	160	169	151
160	159	158	157
154	164	146	151
162	158	166	156
156	150	161	166
162	155	143	159
157	157	156	157
162	161	156	156
162	168	149	159
169	162	162	156
150	153	159	156
162	154	164	161

對資料進行統計的做法稱為「**資料化約**」，意思是「**以許多並列的數字為資料，按照某種基準進行整理和整頓，再從中抽取有意義的資訊**」，大體而言可以分為以下兩種方法：

① **繪成圖表捕捉其特徵。**

② **用一個數字代表其特性。**

這個代表性的數字就叫做「**統計量**」。

2 繪製直方圖

首先先從①的製圖法來解說資料化約的做法。在根據原始資料製圖的時候，最常採用的圖表為「**直方圖**」，簡單來說就是「**柱狀圖**」。要繪製這種圖表之前，必須先做出次數分配表。其做法如下：

第一步 從資料當中找出最大的數字（**最大值**）和最小的數字（**最小值**）。

第二步 設定一個能夠包括最大值和最小值且易於分段的範圍，再將這段範圍分隔成五至八個的小區段（小區間）。→稱為「**組別**」。

第三步 決定各個組別的代表數值。基本上無論選哪個數值做為代表都可以，但通常會挑最中間的值。→稱為「**組中點**」。

第四步 計算各組別在其範圍之內落入多少個資料。→稱為「**次數**」。

第五步 計算各組別的次數占整體資料的比例。→稱為「**相對次數**」。**相對次數的總和為 1。**

第六步 計算從第一個組別開始到每個組別「為止」的次數總和。→稱為「**累積次數**」。最後一個組別的累積次數會和資料的總數一致。

接著，就針對剛才的圖表 1-1（80 名女大學生的身高資料）來進行製表的作業（參見圖表 1-2）。

圖表1-2 80位女大學生身高的「次數分配表」

組別	組中點	次數	相對次數	累積次數
141～145	143	1	0.0125	1
146～150	148	6	0.075	7
151～155	153	19	0.2375	26
156～160	158	30	0.375	56
161～165	163	18	0.225	74
166～170	168	6	0.075	80

第一步 資料最大值為169，最小值為143。

第二步 設定範圍，靠近143且易於分段的數字選為140，靠近169且易於分段的數字選為170，再將140到170之間的範圍畫分出組別，以每隔數字5（五公分刻度）做為一組，正好可以設成六個組別（參見圖表1-2第一欄）（譯注）。

第三步 每個組別採用最中間的值為組中點。譬如說，第一組包含有141、142、143、144和145這五個資料，所以選擇位於最中間的143。按同樣的方法，從所有組別中選出其代表數值，這就是圖表1-2的第二欄。

第四步 算出落入各組別之內的資料總數，也就是次數（做法上逐一確認圖表1-1的資料，並在圖表1-2的左邊外側以「正」字來計數會比較有效率）。各組的次數就在圖表1-2的第三欄。

第五步 把各組的次數除以資料的總數80，得出相對次數，見圖表1-2的第四欄（為求保險起見，要確定各組的相對次數相加後會等於1）。

譯注：實際分組時為了讓所有組別統一都包含五個數字，所以第一個組別要從數字141開始算起。

第六步 　將次數由上開始依序合計，得出各組的累積次數，見圖表1-2的第五欄（為求保險起見，要確定最後一行的合計等於資料總數80）。

　　如此，次數分配表便製作完成了。來看看這張表格。

　　首先，重點在於**製作這張次數分配表的時候，資訊會在當中流失**。這些資訊是什麼呢？不用說，那就是「**原始資料數值本身**」。

　　舉例而言，請看看圖表1-2中第四組156公分到160公分這一欄。從次數來看，可知這一組別裡有30個資料，但細節上這30個資料分別是什麼數值，在製成的分配表中卻完全看不出來。這就是在製作次數分配表時會因資料化約而流失資訊的情形。

　　然而，付出這般犧牲的同時換得了寶貴的資訊，這種取捨是很重要的。在取得的次數分配表中，身高由矮至高的六個組別計入的次數依序為1、6、19、30、18和6，從這些數字可以獲得資料特徵如下：

特徵一 　身高的分配並不平均，**資料呈現出集中在某個區段的情況**（具體來說是集中在156 ～ 160這一組當中）。

特徵二 　更進一步而言，倘若以資料集中的地方為基準點，那麼從基準點出發不管是朝身高矮小、或是往身高高大的組別察看，數量的變化都是相同的。也就是說，資料的分配是**以某處為軸線而呈現出左右對稱的性質**。

　　總而言之，決定日本成年女性身高的機制其背後雖然有某種「不確定性」在運作著，但仍可發現其中所具有的特徵。列舉如下：

①並非每個數值都有影響資料的機會。

②資料集中在某一身高（相當於158公分）的附近。

③以這身高（相當於158公分）為基準點，不管是數值高還是數值低的那一邊，其「資料狀態都有著驚人的相似性」。

　　如果只是看著原始資料的話，絕對不會注意到這樣的資訊。也就是說，資料化約雖然會犧牲掉資料的細節，但相反地亦能**凸顯出資料分配及**

其背後的特徵。

這就好比分辨談話當中的重點一樣。倘若把全部談話都一字不漏地聽下來，就會分不清楚什麼內容才重要，所以必須把談話細節中較不重要的部分略過，如此一來重點才會浮現。因為在大部分情況之下，我們想知道的並不是「談話的全部內容」，而是重點究竟為何。資料化約的作用便在於統整資料的要點。

那麼，在學會畫次數分配表後，接下來就將其繪製成**柱狀圖**。製圖步驟如下：

第一步 　將組中點（次數分配表裡的第二欄數字）以等距離配置在橫軸上。

第二步 　在各個組中點上方畫出柱子，柱子的高度依各組組別的次數（次數分配表的第三欄數字）來決定（有時也會依相對次數來繪製）。

按照上述方法製作的柱狀圖就叫做**直方圖**。把圖表 1-2 的次數分配表化為直方圖，就成了圖表 1-3。

從這張直方圖看來，雖然其所顯示出來的訊息（也就是**特徵一**和**特徵二**）從先前的次數分配表中即可知曉，不過透過這張圖則更加一目了然。圖中最中間的三根柱子較高，外側則較低，換句話說，可以看出資料多聚集在 158 公分左右，也可以看到資料分配的特性近似於左右對稱。

圖表1-3 **女大學生身高的直方圖**

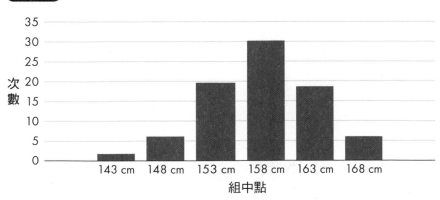

接著就來看看要如何解讀這張直方圖。

譬如說，從左邊數來第四根柱子是豎立在158上、以次數30為其高度，表示從156公分到160公分的女大學生有30人。不過，若考量到之後資料處理的課題，最好也要先知道還可以如下解讀，亦即「**身高正好是158公分的女大學生有30人**」。

這樣的解釋雖無法正確地反應現實，但請回想之前的分析，我們透過統計要知道的並非整體資料的全部，而是「**資料的潛在特徵**」。雖然所謂「特徵」是一種籠統的概況，從中所展露的訊息多少較為粗略，不過還是可以認定這樣的解讀並不違背統計的目的。

直方圖在之後解說統計學概念時會多次出現，扮演著重要的角色，因此有必要先把直方圖的概念理解清楚。

重點整理

① 原始資料能夠直接反應現實，但單單透過原始資料並無法看出重點。

② 資料化約的方法有兩種：**做成「圖表」，和求出「統計量」**。

③ 次數分配表就是將資料分成五至八個小組的表格。**透過次數分配表可以了解資料的特性，例如資料的集中處和對稱性。**

④ **所謂的直方圖就是依次數分配表繪製而成的柱狀圖**，比起次數分配表更能在視覺上傳達出資料的特徵。

練習題

圖表 1-4 亦出自石村的《談統計解析》一書，為女大學生的體重資料。
請試著畫出次數分配表及直方圖。

圖表1-4 女大學生的體重

48	54	47	50	53	43	45	43
44	47	58	46	46	63	49	50
48	43	46	45	50	53	51	58
52	53	47	49	45	42	51	49
58	54	45	53	50	69	44	50
58	64	40	57	51	69	58	47
62	47	40	60	48	47	53	47
52	61	55	55	48	48	46	52
45	38	62	47	55	50	46	47
55	48	50	50	54	55	48	50

①製作次數分配表（相對次數算到小數點第四位）。

組別	組中點	次數	相對次數	累積次數
36～40				
41～45				
46～50				
51～55				
56～60				
61～65				
66～70				

②繪出直方圖

※解答在第200頁

27

第 2 講

平均數的作用與掌握方式
平均數即平衡玩具的支點

1 統計量是概括資料的數值

在第一講中介紹了如何應用「資料化約」的技術看穿資料的特徵，做法有次數分配表和直方圖。

次數分配表和直方圖在社會上使用得非常頻繁，翻開報章雜誌，當中一定多少刊載著幾張圖表。這些圖表確實能導出資料的特徵，在促進理解上有一目了然的效果，可說是絕佳的辦法，然而在這當中還是有幾項不得不提的缺點。

第一項缺點，就是**看著這些圖表思考資料特徵的時候，從圖表中接收到的訊息會因人而異**。這麼一來，就算依著這些接收到的訊息與他人進行意見交流，也未必能溝通無礙。

比方講，直方圖所呈現出來的「形狀」究竟有多尖銳，這就無法用言語來形容。因此，當要把由資料中抽取出來的特徵用於做出某種科學性結論、或整合出商業策略的見解時，可說是相當地不方便。

第二個缺點在於，不管是次數分配表還是直方圖，都會**在版面上占據很大的空間**（可以參見第一講的圖表），這種特性對於報章雜誌或是必須增添讀物的趣味性時並不是個大問題，不過在學術性論文和調查報告上，就會變成不必要地浪費太多空間。

為了克服圖表的這兩項缺點，又有另一種資料化約的方法被開發出來，那就是「**統計量**」。

所謂的統計量，就是「用一個數字來概括資料的特徵」，而且依照「**想要涵蓋資料的哪一種特徵**」等不同目的，有各式不一的統計量被開發出來。本書會從中限定幾個極具代表性的部分來介紹。

具體而言，本書會提到的統計量包括「**平均數**」、「**變異數**」和「**標準差**」（更詳細來說，還可分為樣本平均數、樣本變異數、樣本標準差、母體平均數、母體變異數和母體標準差，但目前還不需要去理會其間的區別）。在第二講裡就先介紹「**平均數**」做為學習的第一步。

2 什麼是平均數

平均數應是從小就耳熟能詳的統計量，想必不需要再詳細說明，簡要來說就是「**把資料總和除以資料數量**」後所求出來的數值。

舉例來說，圖表1-1中80位女大學生身高資料的平均數即為：

$$（151＋154＋\cdots\cdots＋156＋161）÷80＝157.575$$

3 次數分配表裡的平均數

接下來就用次數分配表來講解平均數的計算方法。

此處所採用的也是第一講圖表1-2的女大學生身高資料，由於所需的部分只有組中點（各個組別的代表數值）和相對次數，因此僅從圖表1-2中取出這幾項來畫成表格。

首先從結論說起：只要計算（組中點 × 相對次數）的總和，就會求**出平均數**。

這一算式的實際運算就是圖表2-1。

圖表2-1 組中點×相對次數的總和＝平均數

A. 組中點	B. 相對次數	A×B
143	0.0125	1.7875
148	0.075	11.1
153	0.2375	36.3375
158	0.375	59.25
163	0.225	36.675
168	0.075	12.6
	A×B的和（平均數）	157.75

如同第一講所言，次數分配表會捨棄掉原始資料當中的一部分資訊，因此用這個方式計算出來的平均數會和從原始資料所求得的平均數有少許落差。

雖然如此，但可以發現其實落差的程度並不會太大。

在第29頁當中，從原始資料算出的平均數是157.575公分，而從次數分配表求得的數值則為157.75公分，這樣的落差範圍在實用上尚在可忍受的程度之內，也意味著**製作次數分配表對於平均數這樣的統計量不會帶來過於嚴重的影響**。

「（組中點×相對次數）的總和」這一算式在統計學的所有方面上都**會應用到**，因此需要先好好地記憶下來，最好能將這個公式記誦到習慣成自然的地步。

為什麼要用這種計算法求平均數？這究竟是要做什麼用呢？為了幫助記憶，接下來就針對這些問題具體地解釋。

之前已經講過，次數分配表就是把整個資料分為若干小組（稱為組別），而各個組別的資料則可以用一個數值來代表整體（稱為組中點）。

譬如說，落入第二組「146公分到150公分」當中的資料有6個，但從次數分配表中無法看出這6個資料的具體數值為何。因此，就把這一組別看做是「當中含有6個資料，每個數值都是組中點148」。

於是，第二組別的總和算法就會是（組中點×次數）＝148×6。將這個乘法算式應用在全部組別上並進行合計，就會得出（假想的）全部資料的合計，再將結果與資料總數相除，則得出（假想的）平均數。

接著要注意的是，將之前第二組的合計算式「（組中點×次數）＝148×6」拿來除以資料總數80之後，就會變成：

$$148 \times 6 \div 80 = 148 \times \left(\frac{6}{80}\right) = （組中點 \times 相對次數）$$

要是把這算式套用在所有組別的總和，就會變成：

平均數 ＝〔（組中點 × 次數）的各組別和〕÷ 資料總數

＝〔組中點 ×（次數 ÷ 資料總數）〕的各組別和

由於（次數 ÷ 資料總數）就是相對次數，所以可以將上式再整理成：

平均數 ＝（組中點 × 相對次數）的各組別和。

如此一來，公式的意義就相當清楚了。

此外，要是懂得這一算式的意涵，也就會容易了解「為什麼此一平均數與從原始資料求得的平均數之間落差沒有那麼大」。

舉例來看，雖然將第二組當中的6個資料全都當做148，但在原始資料中的這些數值有的比148大、有的比148小，實際從圖表1-1中取出來看的話，就成了146、146、148、149、150和150。由於要把這些資料都視為148，所以就會產生誤差為－2、－2、＋1、＋2和＋2，而當相加這6個資料以後，正數和負數就會相互抵消，最後的誤差變成＋1，這個數字不會很大。

也就是說，**同一組別中所有原始資料的總和就算用「組中點 × 次數」來代替，也不會有太大的落差。**

4 平均數在直方圖中扮演的角色

接下來繼續說明，平均數在直方圖上有什麼樣的意義。此處也先從結論談起：若把直方圖比喻為彌次郎兵衛玩偶（譯注），平均數就是這個平衡玩具的支點。

舉例來說，圖表 2-2 為女大學生的資料，當中的三角形頂端所指處是平均數 157.75。若用瓦楞紙之類的材料動手做出這張直方圖，把三角形的位置當做支點來支撐，直方圖就會像彌次郎兵衛玩偶一樣取得平衡，既不會往右倒，也不會向左傾。

為什麼會是如此，在後面的【補充說明】裡有簡單的說明。不過，這對於學習統計學來說並不是重要的觀念，就算無法理解也不用太過在意，跳過這個部分不看也沒有關係。

圖表2-2 平均數＝彌次郎兵衛玩偶的支點

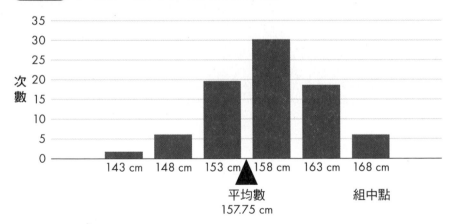

譯注：彌次郎兵衛玩偶為雙臂左右張開，以槓桿原理維持平衡的玩具。

32

5 該如何掌握平均數

要如何依上述內容掌握平均數呢？接著便說明其概念。「**資料是以數值的形態分散遍布，而從這寬廣的範圍中選出一個點來代表整個資料的數值，就是平均數**」，此即為平均數最重要的概念。如果選擇以彌次郎兵衛玩偶底邊（相當於圖表2-2底座的部分）外側的某一點做為支點，就不可能維持平衡，若不選擇底邊上最適合的位置為支點，平衡玩具就會往一邊傾斜。平均數會成為一整列資料中最具代表性的那一個點，就是這個道理。

反過來看，也可以立即理解到「**其他資料是分配在平均數的周圍**」這件事。例如已知「有一種蜂的身長平均數是5公分」，從這項資訊可以了解「這種蜂絕對不會每隻剛好都身長5公分，而是與這身長相近，並且也不會長到20公分或50公分這種程度」。

下一個應該要明白的概念是，「**出現多次的資料會對平均數造成很大的影響**」。由於平均數的計算是要將各組別的「組中點乘以相對次數」合計起來，因此出現比例高的資料就會對結果產生較大的影響。

另一個重點在於，「**當直方圖呈左右對稱的情況下，平均數就會落在對稱軸的位置上**」。這一點只要想像一下彌次郎兵衛玩偶的平衡狀態就很清楚了，平衡玩具的實例相當利於理解。

最後一個觀念是，「在假設所有資料都是與平均數相同數值的情況下，**平均數的相加絲毫不遜於用原始資料加總**」。這是從下列算式得來的結論：

平均數＋平均數＋……＋平均數＝資料總和

這算式的意義在於，「就算硬把所有資料都視為相同數值，但只要在均以加法來計算的情況下，便不會損及資料的本質」。

重點整理

從次數分配表做平均數的計算：

平均數＝（組中點 × 相對次數）的總和

平均數在直方圖中的意義：

若把直方圖比喻為彌次郎兵衛玩偶，平均數就是讓玩偶達到平衡的支點。

平均數的性質：

之一　資料會分配在平均數的周圍。

之二　出現多次的資料會對平均數有很大的影響力。

之三　在直方圖呈左右對稱的情況下，對稱軸所通過的那一點即為平均數。

練習題

試以下方的虛構資料填寫次數分配表，並計算平均數。

組中點	次數	相對次數	組中點×相對次數
30	5		
50	10		
70	15		
90	40		
110	20		
130	10		
	合計100		合計（平均數）

※解答在第200頁

求得平均的方法不只一種

通常一提到平均數，就會直覺聯想到「相加後除以個數」，但這其實只不過是算出平均的其中一種方法，**此外還有其他各式各樣的公式**。就如正文所述，所謂的平均數是從資料的最小值到最大值之間選出一個數字做為代表，而依照目的不同，該挑選的數值也自然會不一樣。

舉個例子，接下來要算出 x 和 y 這兩個數值的平均。

「相加後除以個數」的平均公式為 $\frac{(x+y)}{2}$，這通稱為「算術平均數」，是最著名的平均計算法。

相對之下，算出平均的方法還有「相乘後開根號＝$\sqrt{xy}$」。

這種算法叫做「**相乘平均數**」，或稱「**幾何平均數**」，用來求取「當兩個相同的數字相乘後與積數 xy 相等，則這個數字為何？」。這個算式常用在**成長率的平均**上。

舉個例子來說，某間企業有一年的營業額成長了50%，隔年則減少了4%，兩年下來的銷售額平均成長率即 $\sqrt{1.5 \times 0.96} = \sqrt{1.44} = 1.2$，變成了20%。也就是說，**以結果來看這就等於連續兩年各成長了20%**。實際上，倘若連續兩年都有20%的成長，營業額就是 $1.2 \times 1.2 = 1.44$，變成了1.44倍。這個結果就和第一年上升50%、第二年減少4%時的 1.5×0.96 ＝1.44倍一模一樣。

此外還有另一種平均法為「**均方根**」，就是把各資料的平方相加之後除以個數，接著再開根號。寫成算式就是 $\sqrt{\frac{(x^2+y^2)}{2}}$，稍後在介紹標準差時便會用上。

這裡再談一個平均法「**調和平均數**」，其算式為 $\frac{2}{\frac{1}{x}+\frac{1}{y}}$，不過從它的原意來思考會比較好懂。

以例子來看，「假如去程的移動時速是 x 公里，而回程的移動時速是 y 公里，則平均時速會等於幾公里呢？」，這便是調和平均數所要求取的東西。要是單趟的路程有一公里長，則去程所需時間為 $\frac{1}{x}$、回程所需時間為 $\frac{1}{y}$，來回兩公里就會用掉 $\frac{1}{x}+\frac{1}{y}$ 的時間，也因此平均

第 2 講 平均數的作用與掌握方式 平均數即平衡玩具的支點

時速的計算就會變成前述的式子。

這些平均數的計算流程，就相當於在x和y之間的諸數值當中挑出一個數字來。儘管根據平均算法的不同，最後所算出的數值也都各異，不過總的來說，「從x和y之間的諸數值中選出一個數字」這一點是不會改變的。在諸數值當中「哪一個數字較適合用來代表x和y」，需依據「想得知全體資料的什麼特性」來決定，也就是**要依照用途來應用計算方式**。

想要「在加總方面維持資料的本質」，就必須使用**算術平均數**。要是「涉及成長率並需要在相乘之際保留資料的本質」，那就用**幾何平均數**。另外，假如計算「速度」的話，就可以採用**調和平均數**。

以例子來看，接著來計算兩次考試成績為10分和90分的平均為何。

以算術平均數來計算的話是 $\dfrac{(10+90)}{2}=50$，

相乘平均數是 $\sqrt{10\times90}=30$，

均方根是 $\sqrt{\dfrac{100+8100}{2}}=64.03$，

而調和平均數則是 $\dfrac{2}{\left(\dfrac{1}{10}+\dfrac{1}{90}\right)}=18$，

不論哪種算法，答案都是處在10到90之間的某個數值。

所以，倘若這兩個分數是自己兩次考試的成績，當要告訴父母平均分數的時候，**只要選擇均方根的話就能讓父母知道最高的平均**。另外，假如10分是自己的分數、而90分是朋友的成績，這時就把調和平均數告訴父母，還可以說明道「雖然我考得不好只得了10分，不過平均也才18分而已，所以大家的成績都很低。」（不用說，這只是個玩笑話，請不要像這樣隨意地濫用統計）。

彌次郎兵衛玩偶的支點成為「算數平均數」的理由

這裡就本文中所敍述的「平均數為直方圖彌次郎兵衛玩偶的支點」簡單地做個説明。現在假設資料只有兩種數字x和y，x的次數是a個，而y的次數是b個。

在下列的直方圖中，有彌次郎兵衛玩偶的支點m支撐在那，代表著那是使彌次郎兵衛玩偶獲得平衡的點。

接著請回想一下「槓桿原理」。所謂的槓桿原理，就是「當（從支點算起的距離×負載的重量）的結果相同時，彌次郎兵衛玩偶就會取得平衡」。

在此先把資料的次數當成「重量」，也就是把資料x上的重量當做a公克，而放在資料y上的東西有b公克之重。如此一來，對於資料x上的端點而言就會是（從支點算起的距離×負載的重量）＝（m－x）×a，而對於資料y來說則是（從支點算起的距離×負載的重量）＝（y－m）×b。

因此根據槓桿原理，**得證（m－x）×a＝（y－m）×b**，而m則為**平衡玩偶的支點**。

解開這道方程式的m值，就會變成：

$$m = \frac{a}{a+b}x + \frac{b}{a+b}y$$

這個算式代表著（**x的相對次數×x**）＋（**y的相對次數×y**），正好就是**平均數本身**。

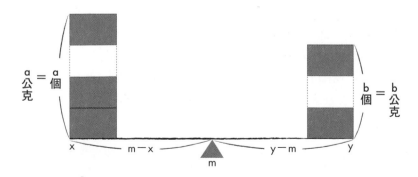

變異數與標準差
預估資料分散狀態的統計量

1 欲知曉資料散落的情形

在第二講中曾經提過，平均數的重要概念為「資料會分配在其周圍」。打個比方說，一聽到「女大學生的平均身高為157公分」，就可以得出「女大學生的身高大多都分配在157公分上下」的結論。

然而光是這樣，還不能算是已經夠了解資料的特性。女大學生的身高確實分配在157公分附近，但多半是落在155公分到160公分之間嗎？還是其實130公分或200公分的人也不少呢？這些問題的答案都無法從平均數推測出來。換句話說，**平均數只不過是從資料的分配中取出來的一個點，資料在其周圍分布得有多廣、或是散落的程度多大，這些都無從由平均數中得知。**

資料分布在實例上最重大的用途就是**所得的分配**。例如說，假設A國和B國的國民平均所得同樣是m美元，但不能因為如此就說這兩國的財富分配狀況是相同的。即使平均所得都是m美元，但若大多數國民的所得都是m美元左右的話，就是「均富」的國家，而國民中既有富豪也有貧民的話，就是「貧富差距大」的國家。

像這種時候，了解資料散落的情況就顯得格外重要。再舉一個生活上的例子，那就是**公車的行駛狀況**。

假設你正為該不該搭公車而苦惱，而公車 A 的到站時間會在相同機率下比時刻表早到或晚來兩分鐘，公車 B 則會以相同的機率比時刻表早到或晚來十分鐘。不管是哪輛公車，光看到站時間的平均數都難以判斷公車是否會依時刻表行駛而不誤點，因此無法以此一分高下。

這時，你會在只問到公車到站時間的「平均數」後就決定是否搭公車嗎？不管是誰的答案都是「不會」吧！

公車 A 也好、公車 B 也罷，就算知道他們在平均上都按照時刻表行駛，但那終究只是平均，而前後會誤點多久並無法以此來預估，也就不能靠平均數來決定該不該搭公車。實際上，就算公車 A 的誤點在容許範圍內，也會有許多人判斷等公車 B 還不如走路或者自己開車。

在這裡可以將公車 A 的「兩分鐘」和公車 B 的「十分鐘」看做是公車的誤點狀況、到站時間的資料彙總等表示資料分散狀態的統計量。在決定是否要搭公車的時候，**了解其分散狀態的統計量會比知曉平均數還來得重要**，透過這個實例相信很容易就能體會。

2 以公車到站時刻為例，了解分配的概念

圖表 3-1 為應於 7 點 30 分到站的公車其 5 天當中實際的到達時間（虛構資料）。

求出這 5 個資料的平均數，會得到答案為 31，因此可以判斷這輛公車平均會在 7 點 31 分到達。

不過正如表格所示，公車的實際到站時刻都分配在平均數 31 分的四周，這意味著**公車到達的時間各有不同**。

那麼，這個「各有不同」究竟是到什麼樣的程度、又該如何測量呢？

首先，可行的做法是將這 5 個資料分別減掉平均數，這就是圖表 3-2 的內容。

圖表3-1	7點30分到站公車的5天分到站時間			單位（分）
32	27	29	34	33

圖表3-2	與平均數7點31分的差距			單位（分）
+1	−4	−2	+3	+2

圖表3-3	到站時刻的「偏差」			單位（分）
+1	−4	−2	+3	+2

　　這張表格顯示出**各項資料比平均數大了多少或者小了多少**，加號的意思是比平均數大，而減號代表比平均數小，這一數值在統計學上就叫做「**偏差（deviation）**」。由算出的偏差可知到站時刻的分配情形，也就是公車比平均數（選來代表分配狀態的數值）最多遲3分鐘，最多比平均數早來4分鐘（參見圖表3-3）。

　　接下來所要求取的數值是要將這5個偏差**做資料化約，用一個數字來代表**。然而一算就可以發現，單純的算術平均（相加後除以個數）並不是那麼理想的計算方法。

　　實際計算時會變成：

　　〔（+1）＋（−4）＋（−2）＋（+3）＋（+2）〕÷5＝0÷5＝0

　　其實，**不論是什麼樣的資料，偏差的算術平均數都會等於零**（請見本講最後的【補充說明】）。即使並不知道「答案必定為零」這件事，憑著直覺也可以發現這個計算方式並不理想，原因在於若是留著偏差的正號和負號直接做平均，使正數和負數相抵，算術平均數就會明顯縮小。然而，這種算法並不符合我們所希望求取的統計量。

　　為什麼呢？因為不管是晚來三分鐘、還是早來三分鐘，都代表公車誤了點，就算正負相抵使得數值抵消，也沒有任何意義。

那麼，要用什麼樣的平均法才合乎理想呢？

在這裡要使用的平均方式必須不會讓正負互相抵消，而在第二講 Column 裡所介紹的平均方式當中能夠符合的就是「**均方根**」。所謂的均方根，就是**將想要平均的數值平方後相加並除以個數，接著再開根號**，算出這些數值在最大值和最小值之間的其中某一個數值。這樣一來，負號藉由平方後會消失，因此正負就不會相抵。

接下來實際計算看看。

一開始先把偏差平方，然後再求平均。

$$\frac{(+1)^2 + (-4)^2 + (-2)^2 + (+3)^2 + (+2)^2}{5}$$

$$= \frac{(+1)(+1) + (-4)(-4) + (-2)(-2) + (+3)(+3) + (+2)(+2)}{5}$$

$$= \frac{1 + 16 + 4 + 9 + 4}{5} = 6.8$$

首先，在這個階段所求出的統計量叫做「**變異數（variance）**」（此時還沒開根號，所以不是均方根值）。變異數是能夠評判資料分散情形的數值，在數學上具有非常優異的性質。

但是，若直接用變異數代表資料分散的情況，就會出現兩個問題。第一個問題是「以代表分散狀態的數值來說，變異數的數字太大」。在這裡偏差的數值全都在正負 4 的大小以內，然而變異數卻為 6.8，數值過大。再者，第二個問題就是「資料的單位會改變」。原始資料是以「分」為單位，但變異數經過平方以後，單位卻變成了「分²」。

不過，這兩項缺失在變異數開了根號、實際算出「均方根值」之後就會消解（一開始講解的時候沒開根號，以便中途介紹「變異數」這一統計量，因為之後變異數會用來當做推論統計的工具）。

變異數開根號後的數值是$\sqrt{6.8}$＝約2.61，如此一來這些偏差就有了被平均的感覺，單位也圓滿地再度回到了「分」，這個統計量就稱為「**標準差**」。所謂的標準差就是偏差的均方根值，通常會取英文「Standard Deviation」的第一個字母縮寫為「**S.D.**」，此點務必牢記下來，書中會再三用到這個簡稱。

③ 標準差的意義

於是，藉由以上的說明求出了公車資料的標準差（S.D.），過程歸納如下：

①公車的平均到站時間比時刻表的7點30分還要遲1分鐘。

②然而光是知道這點，還不能確定公車抵站時刻能不能夠信任。公車未必每班都遲1分鐘就抵達，其到站時間是分散不均的。

③公車到站時刻的分散狀況、車次誤點和脫班的情形要使用標準差（S.D.）來測量，其值為約2.6分鐘。

那麼，S.D.＝約2.6這個答案可以傳達出什麼訊息呢？那就是「**公車雖然在平均上會比時刻表遲1分鐘到達，但實際的到站時刻則大致分散在平均數前後的2.6分鐘**」。

也就是說，「平均數」是代表資料分配狀態的數值，相對來說，標準差（S.D.）則是以平均數為基準點來看資料的分散範圍遍及多廣的數值。

為了幫助了解這一點，以下再舉一個例子。

圖表3-4是以10分為滿分的考試結果（虛構資料）。在比較資料X和資料Y之後，一看就知道資料Y的分散程度比較大，不過在此還是好好地以標準差（S.D.）來確認過。

首先無論是哪邊的資料，其平均數都是5。將各項資料減去平均數5以求出偏差（參見圖表3-5）。

圖表3-4 兩次得分資料與平均數

資料X	4	4	5	6	6	平均數＝5
資料Y	1	2	6	7	9	平均數＝5

圖表3-5 兩次得分資料的偏差

資料X	−1	−1	0	+1	+1
資料Y	−4	−3	+1	+2	+4

看到偏差後，就能夠更明確地知道資料分散的狀況。

很明顯地，資料Y的分散程度比較大（雙方的偏差總和亦都等於0，這一點也請留意）。

若算出偏差的均方根求得S.D.，就能完全證明這一點。

$$資料X的S.D.＝\sqrt{\frac{(-1)^2+(-1)^2+(0)^2+(+1)^2+(+1)^2}{5}}＝約\,0.89$$

$$資料Y的S.D.＝\sqrt{\frac{(-4)^2+(-3)^2+(+1)^2+(+2)^2+(+4)^2}{5}}＝約\,3.03$$

資料Y的標準差（S.D.）數字確實比較大。

再者，只要把兩邊資料的數字逐一檢視過，也能夠對於S.D.的計算結果恍然大悟。

資料X的S.D.雖然接近0.9，可若實際回顧圖表3-5，資料X的偏差其實大多在±1左右，散布於平均數的周圍。如果全部資料的偏差都是1的話S.D.就會是1，但因為當中有一個偏差為0，所以S.D.就比1來得稍微小一點。

另外，資料Y的S.D.大概在3左右，而看看偏差當中落差距離為1、2和3的數值各有一個，落差距離為4的數值則有兩個，也就可以理解資料Y的整體差距的確大概在3左右。

第3講　變異數與標準差　預估資料分散狀態的統計量

4 從次數分配表求標準差

接下來要介紹**從次數分配表求標準差**的方法。雖然在入門篇中還不需要了解,但由於本書後半段一定會派上用場,所以在此要先行講解。

首先請回想一下用「(組中點×相對次數)的總和」來計算平均數的公式(參見第二講第三節內容)。所以,只要這樣從次數分配表算出平均數,再將其減去組中點,就會求出「組中點的偏差」。

把這些數值平方以後乘以相對次數再加總,就會求得「組中點偏差平方的算術平均數」,這個數值就相當於「變異數」。

最後將變異數開根號,就成了「標準差」。

寫成算式即為:

〔(組中點-平均數)^2×相對次數〕的總和=變異數

$\sqrt{變異數}$=標準差

請看圖表3-6的例子來掌握一下算式的感覺。

圖表3-6 從次數分配表來計算標準差(S.D.)

A組中點	B相對次數	A×B
1	0.3	0.3
2	0.5	1.0
3	0.1	0.3
4	0.1	0.4
		平均數=2.0

A組中點	C組中點-平均數	C^2	B相對次數	C^2×B
1	-1	1	0.3	0.3
2	0	0	0.5	0
3	+1	1	0.1	0.1
4	+2	4	0.1	0.4
				變異數=0.8
				S.D.=$\sqrt{0.8}$=約0.89

重點整理——關於標準差

平均數的算式：

資料的總和 ÷ 資料數

偏差的算式：

偏差＝資料的數值－平均數

變異數的算式：

變異數＝偏差平方的總和 ÷ 資料數

標準差的算式：

標準差＝$\sqrt{變異數}$＝偏差的均方根

從次數分配表計算變異數和標準差：

變異數＝〔(組中點－平均數)^2 × 相對次數〕的總和

標準差＝$\sqrt{變異數}$

標準差的意義：

平均數是從資料的分配中選取出來的代表數值。

所以可以想像資料是以平均數為基準點，在其前後分布開來。

然而，從平均數看不出來資料的廣度和散布程度如何。

要想判別資料的廣度和散布程度必須以標準差來看。

標準差是把所有資料和平均數之間的距離都平均起來，不論是距離遠還是距離近的差距，都以正數來進行計算，使得平均後的數字不因正負相抵而抵消。

練習題

試依下述步驟，算出下列虛構資料的標準差。

第一步 ▶一開始先計算平均。

資料	6	4	6	6	6	3	7	2	2	8	平均數

第二步 ▶算出偏差。

偏差										

第三步 ▶將偏差平方之後算出其平均（變異數）。

偏差平方											平均數

第四步 ▶算出標準差。

標準差＝「偏差均方根」的平方根（$\sqrt{}$）＝

※解答在第201頁

證明偏差的平均必定為零

偏差的平均

＝偏差的總和÷資料數

＝〔（資料－平均數）的總和〕÷資料數

＝〔資料的總和－（平均數×資料數）〕÷資料數

＝（資料的總和÷資料數）－〔（平均數×資料數）÷資料數〕

＝平均數－平均數

＝０

此外亦可用「彌次郎兵衛玩偶的平衡狀態」來理解下述觀念。

把各項資料減掉平均數，在直方圖當中圖形就會往左邊（負數的方向）平行移動一個平均數的距離，此時各項資料新移至的地點就是偏差的位置。

另外，由於資料為平行移動，因此彌次郎兵衛玩偶的新支點必然也還是原平均數所移至的位置。

也就是新支點的位置為（平均數－平均數）＝０

因為彌次郎兵衛玩偶的支點就是直方圖的平均數，所以意味著偏差（資料移至的位置）的平均數是０（原平均數移至的位置）。

第4講
藉由標準差來評估手上資料
為隨處可見、抑或不同一般

1 標準差是波濤的「起浪程度」

在第三講中已經解釋了標準差（S.D.）。許多讀者或許會覺得只看了一次講解還不太能吸收消化，因此接著會用更具體的例子來補充說明。

筆者在教導學生關於標準差的觀念時，總會告訴他們可以試著用衝浪者的角度來思考。對於衝浪者而言，大海的水位雖然要緊，但這不是最重要的事情，無庸置疑地**「波浪的起伏有多大」**才是衝浪者最關心的（筆者本身不會衝浪，這是從有在衝浪的研究生那邊聽來的資訊，應該不會有錯）。

這裡所說的「大海水位」就相當於「平均數」。假如跌宕的海浪平息而回到一定的水位，此時的水位深度就是平均數。

相較之下，**波浪的起伏激烈程度就是標準差**。和平均水位相比，起伏範圍約上下五十公分以及起伏範圍一公尺上下的這兩種波濤對衝浪者而言是**截然不同**的，衝浪者最想知道的就是海浪的S.D.。在搭車的例子中，我們喜歡坐S.D.小的公車，但在衝浪時反倒偏愛S.D.大的海浪。

圖表4-1 從衝浪者的角度來看標準差

海的水位即平均數

波浪的起伏激烈程度即標準差

▊2 知道標準差（S.D.）就能評斷資料的特殊性

知道標準差（S.D.）之後能夠了解資料的哪種特性呢？

這個問題可從兩種角度來看。其一是能夠明白**在一組資料當中的某一項資料所具有的意義**。其二則是能**用來比較多個資料集合以了解其間的差異**。

首先講解第一種利用S.D.的方法。

假設現在考卷發還下來，你考了75分，比平均分數60分高出了15分。在這個時候，你應該高興到什麼程度呢？

當然，考了比平均分數還要高的成績會得意洋洋是一定的，不過問題在於「得意的程度」，這時候需要知道的就是S.D.有幾分。

現在假設S.D.為12分，如此就會發現你考到的成績比平均分數高出了大約一個S.D.左右。回想一下所謂S.D.（標準差）即「把各個資料與平均數間的距離平均以後得來的數值」，所以，既然你的成績比平均分數高出的部分只等於普通的距離數值，也就是「**典型的長度間隔**」，表示考到這種成績的人比比皆是，也就**不必那麼得意**了。

反之，假設S.D.還要再更低，低到了8分，這時你對於自己的分數就可以比剛才的狀況還要來得自滿。因為，把所有資料相隔平均數的距離都平均起來等於8分的話，就代表你的成績75分和平均數60分之間的差距，是S.D.＝8分的約兩倍之多。

圖表4-2 重要的是「標準差有幾分」

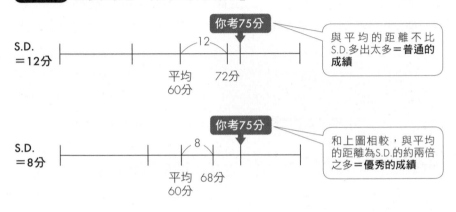

　　由這個例子可以發現，一組資料中某一項資料的特殊性，不能用**距離平均多遠**這個數值（先前已說過這叫做「偏差」）來衡量，而**必須以標準差（S.D.）為基準重新評估**。以這個例子而言，距離平均數一個S.D.的資料並不算突出，而距離平均數兩個S.D.的資料在某種程度上就算是特別。因此，**重要的是改用「將偏差換算為等於多少個S.D.」來代表一項資料的特性**。換句話說，就是以〔（資料－平均數）÷S.D.〕的算式當做評判資料的基準。

　　以下所說明的概略基準是統計學中的常識，我們將對其進行更廣泛的了解。

資料特殊性的評判基準

　　在一組資料當中的某個資料其偏差若為±1個S.D.左右的話，這就屬於「隨處可見的資料」。

另外，當資料的偏差為±2個S.D.以上的話，就能說它是「不同於一般的資料」。

在此就參照這套標準，來看看所謂的「不同於一般」到底有多特別。假如資料集合本身的性質不錯（以專業術語來說，這就叫「**近似於常態分配**」。常態分配的概念會在第七講詳細解說），就可以認定**從平均數算起±1個S.D.的範圍內含有約七成的資料**，另外也能推斷出**比±2個S.D.的距離還遠的兩側資料，合起來大約只占了整組資料的5%**，這樣的評斷大致上會是正確的（在第77頁將再度說明）。

總而言之，當你的資料比平均數多出來的部分有兩個S.D.以上，那就意味著該資料屬於**只占全體資料2.5%**的部分，可說是位處「**相當特別的立場**」。至於這樣是好是壞，則要視時間與場合而定。

圖表4-3 資料特殊性的評判基準

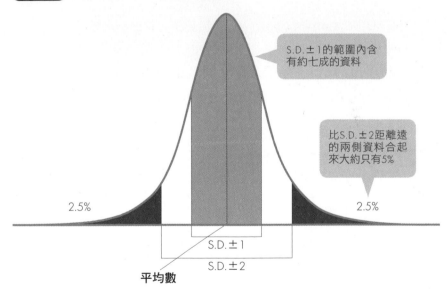

S.D.±1的範圍內含有約七成的資料

比S.D.±2距離遠的兩側資料合起來大約只有5%

2.5%　　　　　　　　2.5%

S.D.±1

S.D.±2

平均數

③ 多個資料集合的比較

接著就來說明標準差（S.D.）在比較多個資料集合時的應用法。

舉例來說，X同學在參加了十次模擬考之後，平均成績是60分，S.D.為10分。而另一方面，Y同學也同樣考了模擬考十次，平均分數為50分，S.D.則是30分。從這些數據可以解讀到什麼訊息呢？

單就平均分數來看，會以為X同學的成績比Y同學還要優秀，然則光憑這點還無法看出這兩人的測驗結果。事實上，由於X同學的平均成績是60分、S.D.是10分，因此可以用正負一單位幅度的S.D.，估算出X同學考到的分數大約位在50～70分的範圍內。相較之下，Y同學的平均成績是50分、S.D.是30分，因而可以推知這名學生考到的分數大概是在20～80分的範圍內。

換言之，**X同學的成績「平穩安定」，而Y同學的成績則是「大好大壞」**。

由此可知，這兩個人都不能光以「成績優異與否」來評斷。X同學要是報考50分就能考取的學校一定不會不及格，但若報考80分才能就讀的學校，便相當難以錄取。相比之下，Y同學儘管有可能考不上40分就可入學的學校，但反過來說，他若報考需要80分才能進入的學校時，也有及格的機會。

圖表4-4 多個資料集合的比較

從S.D.可知成績範圍落在50～70分 =
成績平穩安定
但無法錄取及格標準為80分的學校

從S.D.可知成績範圍落在20～80分 =
成績大好大壞
但正式考試也許會以80分合格錄取

> 光看平均分數會以為X同學成績比較優秀，其實不能一概而論

只要把S.D.也納入考量，就會發現X同學和Y同學不適用於「優秀與否」這種排名式的評價，而應該以「性質的差異」來評判。

4 資料處理後的平均數和標準差

接下來要稍微從數學的角度，來說明當對一組資料進行簡易的處理後，平均數和標準差會有怎麼樣的變化。雖然這個概念不會立刻派上用場，不過到了第七講開始就會顯得很重要。

首先，把一組資料統統加上同樣的數值，看看平均數和標準差會變得如何。譬如說，我們選用1、3、4、5和7這5個數字為一個資料集合，把它命名為資料X。

請看圖表4-5。

這個計算是把資料X各項資料的數值加上4，並經過資料處理後衍生出資料Y。

就如圖解中所看到的，Y的平均數和X相比之下多了4。由於所有資料都增加了4，因此這是必然的結果（也可以想成是當直方圖往右移4個單位的同時，彌次郎兵衛玩偶的支點也跟著這樣移過去）。於是我們可以輕鬆理解為何資料X和資料Y的偏差完全相同，因為各項資料都加上了4、

圖表4-5　將資料加上一個常數來進行處理

資料X　$1, 3, 4, 5, 7$ ─────── 分別加上4 ───────▶ $5, 7, 8, 9, 11$　**資料Y**

X的平均數　$\dfrac{1+3+4+5+7}{5}=4$ ──────▶ $\dfrac{5+7+8+9+11}{5}=8$　Y的平均數（多出4）

X的偏差　$-3, -1, 0, +1, +3$ ──────────▶ $-3, -1, 0, +1, +3$　Y的偏差（相同）

X的變異數　　　　　　　　　　　　　　　　　　　　　　Y的變異數（相同）
$\dfrac{(-3)^2+(-1)^2+(0)^2+(+1)^2+(+3)^2}{5}=4$ ──▶ $\dfrac{(-3)^2+(-1)^2+(0)^2+(+1)^2+(+3)^2}{5}=4$

X的標準差　$\sqrt{4}=2$ ──────────────▶ $\sqrt{4}=2$　Y的標準差（相同）

平均數也大了4，所以（資料－平均數）算出的偏差就會和原本的一樣。

根據以上所言，可以得知下述定律。

將資料加上一個常數的資料處理效果

把資料集合X中的全部資料加上一個常數a，創造出新的資料集合Y，則資料Y的平均數就會等於資料X的平均數加上a，而變異數及S.D.和資料X的一樣，沒有改變。

接下來將資料集合X中的各項資料變成兩倍大，看看會變得如何。

如圖表4-6所示，當平均數增加到兩倍，偏差也會跟著變成兩倍。又由於變異數的計算是把偏差平方之後再平均起來，所以變異數就會變成二的平方倍，也就是原來的四倍。而標準差經過開根號以後，就會變成原資料的兩倍。歸納以上描述，可知：

將資料乘以一個常數的資料處理效果

把資料集合X中的全部資料乘以一個常數k，創造出新的資料集合Y，則資料Y的平均數就會等於資料X的平均數乘以k，而變異數是k的平方倍，S.D.則為k倍。

圖表4-6 將資料乘以一個常數來進行處理

資料X　1, 3, 4, 5, 7 ——————分別乘以兩倍——————▶ 2, 6, 8, 10, 14　**資料Y**

X 的平均數 $\dfrac{1+3+4+5+7}{5}=4$ ▶ $\dfrac{2+6+8+10+14}{5}=8$　Y 的平均數（變成兩倍）

X 的偏差　$-3, -1, 0, +1, +3$ ——————▶ $-6, -2, 0, +2, +6$　Y 的偏差（變成兩倍）

X 的變異數　　　　　　　　　　　　　　　　　　　Y 的變異數（變成四倍）
$\dfrac{(-3)^2+(-1)^2+(0)^2+(+1)^2+(+3)^2}{5}=4$ ▶ $\dfrac{(-6)^2+(-2)^2+(0)^2+(+2)^2+(+6)^2}{5}=16$

X 的標準差　$\sqrt{4}=2$ ——————▶ $\sqrt{16}=4$　Y 的標準差（變成兩倍）

現在，來看看若將這兩項定律應用到第二節中所提到（**資料－平均數**）÷S.D.的資料處理（即「多少個S.D.」的資料解讀法），則平均數和S.D.會有怎麼樣的變化。

　　首先，（資料－平均數）的偏差算式代表著將各項資料減去平均數，因此減去平均數之後的新資料集合其平均數就等於「平均數－平均數」，答案為0（即偏差的平均數為0，參見第47頁），而S.D.則不變（譯註1）。

　　接著在算式中把新資料集合的各項資料除以S.D.，也就等於乘以S.D.的倒數$\frac{1}{\text{S.D.}}$，於是產生了第三組資料，並且其S.D.就會等於（第二組資料的S.D.×第二組資料S.D.的倒數）＝1（譯註2）。將以上過程歸納以後，可以得到下面的重要定律：

將資料經過「多少個S.D.」換算後的資料處理效果

　　用〔（資料－平均數）÷S.D.〕的公式將資料進行處理後，求得的資料其平均數為0，而S.D.為1

譯注1：此處應用了第一個定律，資料集合加減一個常數a後所產生的新資料其S.D.與原始資料相同

譯注2：此處應用了第二個定律，資料集合乘以一個常數k後所產生的新資料其S.D.為原S.D.的k倍。這裡將 $\frac{1}{\text{S.D.}}$ 視為了常數k

重點整理

① 判斷資料的特殊性時，要以標準差（S.D.）為基準。

② 從平均數算起只相隔一個S.D.左右的資料屬於隨處可見，從平均數算起距離超過兩單位S.D.的資料則是不同於一般的資料。

③ 要知道資料距離平均數有**幾單位分量的S.D.**，可以用以下公式計算：
（資料－平均數）÷S.D.

④-1 把資料集合X中的全部資料**加上一個常數**a，創造出新的資料集合Y，則**資料Y的平均數就會等於資料X的平均數加上**a，而**變異數及S.D.和資料X的一樣，沒有改變。**

④-2 把資料集合X中的全部資料**乘以一個常數**k，創造出新的資料集合Y，則**資料Y的平均數就會等於資料X的平均數乘以k，而變異數是k的平方倍，S.D.則為k倍。**

⑤ 用〔（資料－平均數）÷S.D.〕的公式將資料進行處理後，求得的資料其**平均數為0，而S.D.為1。**

練習題

將數字填入括弧內，圈選正確答案。

假設日本成年女性身高的平均數為160公分，S.D.為10公分，這時：

① 身高150公分的女性用S.D.一測，發現比平均數低了（　　　）個單位的S.D.。我們（□可以說 □不能說）這資料不同一般。

② 身高185公分的女性用S.D.一測，發現比平均數高了（　　　）個單位的S.D.。我們（□可以說 □不能說）這資料不同一般。

※解答在第201頁

給厭惡過偏差值的你

　　「偏差值」（譯註）這種統計量透過升學考試的戰爭，已在日本社會根深柢固。儘管許多人在學生時代都曾受偏差值折磨，因而心生厭惡，但能深入了解偏差值這一統計量的人卻出乎意料地少。

　　所謂的偏差值其計算過程如下。首先假設考試的平均分數為偏差值50，接著用S.D.來測定成績。考試得分每高出平均成績一個S.D.，偏差值就加上10分，而每下降一個S.D.偏差值就扣掉10分，這就是偏差值的公式。

　　從以上說明可知，偏差值在50±10範圍內、也就是**落在偏差值40～60的考試成績屬於「平凡無奇」、「隨處可見」、「經常看到」的分數**。由這點來看，如果把偏差值55與偏差值60拿來相比，其意義也就僅僅在於「不管是哪個成績，和平均之間的差距都是時常可見不稀奇」，而且這差距也只是偶然的產物，沒必要拘泥。

　　當然，落在偏差值70、80分、抑或是20、30分的考試分數都可算是非常特殊的成績，得到這種分數的人也確實有必要善加規劃自己的人生。

　　我想，不論是為了偏差值相差個幾分就忽喜忽憂、抑或是抗議「偏差值把孩子貶低得一無是處」而大肆批判社會等等狀況，對於已經知道偏差值只不過是S.D.的讀者來說，也就不難明白他們會做何感想了。

　　重點在於，我們應當**深入了解統計量的意義，並應用在適當的地方**。

譯註：偏差值為日本升學模擬考中，衡量得分能否考上理想學校的數值。

可將標準差活用為
股票風險指標（波動率）

1 股票平均收益率

現代的網路發達並且電腦普及，資訊科技社會於焉到來。在這樣的環境當中，利用網路的個人投資者所帶動的股票交易熱潮，一下成為萬眾矚目的焦點。有許多這種非企業的個人投資者利用電腦和行動電話，進行一種稱為當日沖銷的投資交易，不斷地買進賣出（所謂的企業投資者，就是廣集資金為本錢專門運用在投資上，再將本金連同收益一併付還給資金委託人的組織。而組織的營運收入就是將收益的一部分做為投資成功的回饋酬勞）。

然而，**該怎麼靠買賣股票來賺錢呢？**大體上來說有兩種方法。第一種是**配股獲得的收益**。所謂的股票，用一句話來形容就是「公司的所有權」。擁有股票的人可以藉由配股的形式，每年按照持股的比例從該企業領取一部分的利潤。如果比做儲蓄利息的話就會比較容易了解。配股得來的收益稱為**股利收入**。

另外，還有一種不靠配股形式的賺錢手法。在股票市場裡，買賣時時刻刻都在進行著，因此在股市當中可以**逢低買進、逢高賣出，賺取其中的差額**，也就是利用該企業在股市上的價格變動來賺錢。這種收益就叫做**資本利得**。

在以賺取資本利得為目標進行交易時，最重要的參考指標就是股票的**平均收益率**。這裡就特別來談談月平均收益率吧！

所謂的**月平均收益率**，就是收集某支股票在一年十二個月期間，每個月上漲多少百分比的資料（下跌時視為**負成長**），並計算出平均。

舉例而言，「月平均收益率10%」就意味著這支股票平均一個月上漲10%。也就是說，只要把這支股票買進一百萬日圓保留一個月之後賣掉，那麼漲幅部分平均就可獲得十萬日圓的收益（參見圖表5-1）。

圖表5-1 用百萬日圓的股票賺取十萬日圓盈利

收集某支股票在十二個月期間，每個月上漲多少百分比的資料，並計算出平均（下跌時視為負成長）＝月平均收益率。

月平均收益率：10%＝平均一個月上漲10%

把該支股票 買進100萬日圓	➡	保留一個月之後 賣掉	➡	以110萬日圓的 價格賣出

（漲幅部分的平均）
有10萬日圓收益！

2 單靠平均收益率無法判斷是否為聰明投資

那麼，接著來看看一九八〇年代股票月收益率的平均數吧！

圖表5-2是一九八〇年代股票的月平均收益率，資料內容為日本代表性企業新日本製鐵的股票狀況（節錄自國友直人《現代統計學》，日經文庫）。

譬如說，看到一九八一年的部分可以知道月收益率的平均數約為2.5%，光是看到這個數字，就能了解這一年股票交易的利潤之大。如果

圖表5-2 股票的月平均收益率

年次	1980	1981	1982	1983	1984	平均
月平均收益率	2.05	2.46	−1.33	2.04	−0.54	0.94

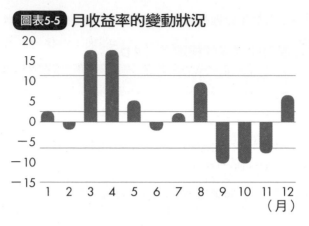

圖表5-5 月收益率的變動狀況

　　當然，也有的柱子低於或高過這兩條線，不過只要在圖中想像這兩條線的位置，就能大致掌握股票收益率的變動情形。

　　由此可知，在股票交易上重要的不只是收益率的平均數，還有其S.D.，因此這個S.D.有個特別的術語，稱為**波動率（volatility）**，在日本則叫做「**預測變動率**」。換句話說，這名稱說明了**其意義就是在探討實際收益率距離平均數的幅度有多大**。

　　總而言之，我們可以把股票收益率的S.D.（波動率）視為買賣股票的**風險指標**。為什麼呢？這是因為，就算假定資料的平均數就是這支股票能獲得的收益，但同時亦必須設想到，股票也有可能從平均數往下跌一個波動率的幅度。**所謂的波動率正是風險的指標**。

　　這時眼尖的讀者或許會注意到一件事，也就是雖然實際收益率有可能從平均數往下跌一個波動率的幅度9%，但反過來說一樣也有上漲9%的機會。確實如此，波動率被用為**風險指標的同時，也是機會的指標**。

　　此外，倘若使用第四講說明過的另一種資料解讀法，那麼還可以再往好的方面去解釋波動率這項指標，也就是「**如果波動率為9%，表示不必過度猜測，以為實際的收益會從平均數往下跌到（當然也包括往上漲到）18%（S.D.×2）的程度以上**」。

　　正如以上所言，標準差在股票交易的實務世界中也是非常重要的指標，這絕不是虛言。

重點整理

① 股票交易的指標不單只看收益率的平均數，標準差（S.D.）也很重要。

② 在購買股票的時候要做好心理準備，實際收益率有可能比收益率的平均數還要再少掉一個 S.D.。

③ 在購買股票的時候不必過度猜測，以為實際收益率會比收益率的平均數還要少掉兩單位的 S.D.。

④ 股票收益率的 S.D. 在專業術語上叫做波動率。

練習題

已知一九八三年日本股票投資的月平均收益率約為 2%，而標準差約為 6%。

① 雖然可以期待這一年投資的月平均收益率會是投資額的 2%，但也要做好心理準備平均會有上下一個 S.D. 的變動幅度。也就是必須事先計算好 2% − （　　　）% ～ 2% + （　　　）%，預測股票的變動幅度會在（　　　）% ～ （　　　）% 之間。

② 一般來說我們不需要過度猜測，以為收益率會超出兩單位 S.D. 的範圍內。換句話說，我們可以預估月收益率漲至 2% + 〔（　　　）×2〕 = （　　　）%、以及跌至 2% − 〔（　　　）×2〕 = （　　　）% 的機會並不大。

③ 股票 A 的月平均收益率為 7%，標準差為 12%。股票 B 的月平均收益率為 4%，標準差為 3%。這時若購買股票 A 保留一個月，就可以預估其收益率為（　　　）% ～ （　　　）%。而當買下股票 B 並保留一個月的時候，就能夠估算其收益率為（　　　）% ～ （　　　）%。

因此，不希望只能拿回少於投資金額的錢以致本金虧損的投資者，應該去購買股票（　　　），並且要有心理準備就算股市長紅，充其量也只能賺到（　　　）%。反之，不怕本金虧損的投資者應該要買下股票（　　　），要是好運一來，就有十足的把握能夠賺到（　　　）% 的收益。

※解答在第 201 頁

用標準差來理解
高風險高報酬的觀念
（夏普指數）

1 高風險高報酬與低風險低報酬

在第五講中已說明**股票收益率的標準差（S.D.）叫做波動率**，這個指標代表了股票交易的「**風險**」程度。意思是說，由於收益率S.D.高的股票，其實際的收益率經常會下跌至距離平均數有一單位的S.D.，因此我

圖表6-1	股票的月收益率			
	股票型基金（商品A）	債券型基金（商品B）	貨幣市場共同基金（商品C）	一年期定期存款（商品D）
1988年	13.2	7.7	7.3	7.4
1989年	20.9	9.5	9.0	8.2
1990年	−6.9	3.7	8.1	7.9
1991年	35.6	17.2	5.9	7.1
1992年	8.9	7.9	3.3	4.2
1993年	12.5	10.3	2.6	3.3
1994年	−1.7	−3.7	3.8	3.0
1995年	31.1	15.6	5.4	4.9
風險度＝標準差（S.D.）	14.7	6.6	2.3	2.1
報酬＝收益率的平均數	14.2	8.5	5.7	5.8

們應當明瞭股票的收益率 S.D. 就意味著風險。

這麼一來,我們就要注意各種投資方式會有怎麼樣的收益率,和相對而言會有多大的波動率。

圖表 6-1 是野村綜合研究所關於美國共同基金從一九八八年到一九九五年間實際效益的調查報告(安達智彥《投資信託的辨別法》,筑摩新書)。表格最下面兩排是各年度收益率的平均數和 S.D.,只要稍微看一下就會發現**收益率大的投資商品其 S.D. 也會高**。

如圖表 6-2 所示,只要取 S.D. 為橫軸、取收益率的平均數為縱軸,並將四種投資商品的實際績效標示為圖上的四個點,這樣就會更一目了然。這四個點可以大致連成一條往右上攀升的直線,換言之我們可以斬釘截鐵地說,**收益率平均數(縱軸的值)高的基金其 S.D.(橫軸的值)也會高,且風險亦大**。反之,當風險(=S.D.)一小,收益率的平均數也自然會減小。

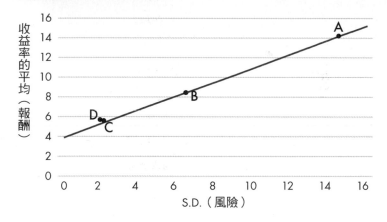

圖表6-2 風險與報酬成正比

這種特性不只是共同基金而已,在所有資產運用的方式和投資上也可以看到這樣的趨勢,這就是俗稱的「**高風險高報酬**」。總之,要獲得龐大的收益就要有面對高風險的心理準備,反之若想要利潤穩定增加,就必須忍受低收益。

2 測量金融商品優劣的方法

　　正如現在所說明的，**高風險就會得到高報酬、低風險就會得到低報酬，這兩種投資方式沒有誰優誰劣**，要投資哪一種端看投資者個人的喜好，而商品本身所具有的「特質」在某種意義上來說也是相同的道理。

　　換言之，從圖表6-3來看，A、B、C、D這四種代表圖表6-1的金融商品、以及和這四個點落在同一直線上的金融商品，**彼此之間並沒有優劣高下之分**，只是商品特質不同。

圖表6-3 年收益率的變動

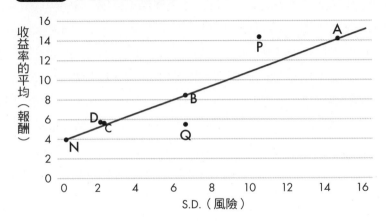

　　接著，我們再以這四個點連成的直線為基準，來說明如何辨別金融商品的優劣。比方講，圖表6-3中的P點是具有報酬和風險的金融商品，雖然它具有和A商品一樣的報酬率，風險卻比A小。如此一來，我們可以據此評斷商品P比商品A還要來得好，而既然直線上的金融商品彼此皆無優劣之別，商品P當然也會比直線上任何一種金融商品還要來得優秀。

　　我們再來看看具有報酬和風險的金融商品Q。商品Q的風險度雖然和商品B一樣，不過報酬率卻比較低。這也就表示Q是比B糟糕的金融商品，換言之它比直線上所有的金融商品都來得低劣。

明白以上的分析後，就可輕易得出如下結論：

位於直線ABCD上方區域的金融商品優於落在直線上的任一金融商品。反過來說，位在直線下方的就是較差的金融商品。

3 測出金融商品優劣的數值：夏普指數

在前一節裡已經介紹了用圖表來判斷金融商品的優劣。不過，假如判斷的方法能夠不用圖表而以一個數值來代替，在篩選的時候就會非常方便。而這種獨創的計算法就是經濟學家夏普所提出的「**夏普指數**」，**當夏普指數愈高就是愈優良的金融商品。**

金融商品X的夏普指數算式如下：

X的夏普指數＝（X的報酬率－公債利率）÷X的風險

簡單來說，夏普指數的計算方式為分數的形式，其中分子代表報酬預測，分母是風險評估。因此，只要分子（報酬）一大，夏普指數就會變高。另外當分母（風險）變小的時候，夏普指數也會上升。（參見圖表64，以風險值為直角三角形的鄰邊、報酬率為對邊的話，與報酬率相對的銳角角度就代表夏普指數的大小）

圖表6-4 夏普指數愈高的金融商品愈卓越

夏普指數愈高（角度會愈大），
報酬率就會愈高，代表效益優良的金融商品

我們再好好思考這個式子的意義。首先把報酬減去公債利率，以求出來的值做為基準。由於公債每個人都能買到，是最穩定的有息資產，因此超出公債利息率的部分正好可以做為一般金融資產的價值評量標準。

公債是國家的借據，而國家破產的可能性遠比公司還低，因此它是**風險低的金融資產**。

接下來，將公債利息率多出的部分除以風險（＝S.D.）。這麼做是因為**即使報酬率一樣高，但風險也高的金融商品其投資效益較為低劣**。

除以風險的時候，如果風險值為2的話，收益率就會減少一半，而當風險是3的時候，收益率就會減到只剩三分之一。

舉例來說，將報酬率30、S.D.為3的金融商品經過換算後，可知平均每一個S.D.的報酬率為30÷3＝10。而報酬率40、 S.D.為5的金融商品經過換算後，則平均每一個S.D.的報酬率為40÷5＝8。由此可以發現前項商品的收益比較優異。也就是說，將所有金融商品的報酬率除以風險後，就可以**讓原本不同報酬率和風險的商品在相同的標準上做比較**。

讓我們來看看夏普指數在圖表6-3當中代表了什麼意思。

為求淺顯起見，現將國債的利息率設為4%，接著以圖表6-3中的點N用來代表公債。這時，金融商品A的夏普指數與直線NA的傾斜角度會是一致的。（A的報酬率－國債利率）是點A和點N在縱軸上的差數，而「A的風險」則是點A和點N在橫軸上的差數，所以夏普指數就是把「縱軸上的差數」除以「橫軸上的差數」，結果就會與直線NA的傾斜角度相同（參見圖表6-3）。

同樣的，金融商品B、C和D的夏普指數也和直線NA的傾斜角度一致。換言之，先前的結論為「金融商品A、B、C和D不分上下」，而在這裡則可以用「這四種商品的**夏普指數一致**」的說法來表示。

　　另一方面，以相同的方法來看金融商品P的夏普指數，就會變成直線NP的傾斜角度，而若再拿來和直線NA的傾斜角度相比後即可發現，金融商品P比金融商品A、B、C和D的表現還要來得優異。反過來說，金融商品Q則比金融商品A、B、C和D的表現來得低劣。

圖表6-5 **在投資的世界中，S.D.是重要且有用的數值**

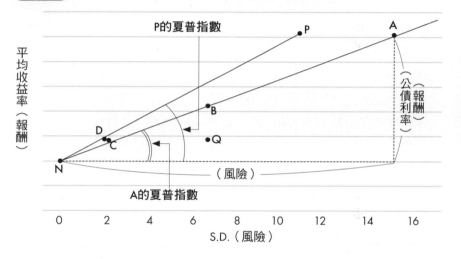

如上述所言，就可以明白**在投資和資產運用的世界中，標準差（S.D.）是非常重要、也是極為有用的數值**。以下再列舉日本幾家大型壽險公司的夏普指數（安達智彥《投資信託的辨別法》，筑摩新書。此為一九九四年的資料，公債利率為3.4%）。

圖表6-6 大型壽險公司的投資效益（1994年）

	日生	第一	住友	明治	朝日	三井	安田
平均	4	4.69	4.62	4.8	5.41	6.49	4.85
標準差（S.D.）	5.48	4.47	5.59	4.28	5.64	4.64	6.43
夏普指數	0.107	0.286	0.216	0.324	0.354	0.663	0.223
排名	7	4	6	3	2	1	5

重點整理

① 在投資的時候，基本上會面臨到該挑選高風險高報酬的商品還是低風險低報酬的商品。這兩者的不同之處在於**產品性質相異，而不具優劣之別。**

② **當平均收益率相同的時候，S.D.小的是較為優良的金融商品。而當S.D.相同的時候，平均收益率大的是較為優良的金融商品。**

③ 在這樣的意義下，能夠用來分辨金融商品優劣與否的基準就是**夏普指數**。計算公式是：

X的夏普指數＝（X的報酬率－公債利率）÷X的風險。夏普指數愈高就是愈卓越的金融商品。

練習題

① 在資金運用實效上，假設一金融商品的平均收益率為5%，S.D.標準差約4.5%。若公債利率為3%，

則夏普指數＝（　　　）。　※算到小數點第二位

② 假設有一個投資信託商品的夏普指數為0.5，當S.D.標準差為5%、公債利率為3%的時候，這項投資信託的平均收益率為（　　　）%。

※解答在第201頁

常態分配
身高、投擲硬幣等最為常見的分配

1 最常見的資料分配

截至目前的內容中已經列舉了許多個資料集合，譬如女大學生的身高、股票月收益率的資料等等。之前曾經說明過，這樣的資料集合反應出其所代表的事件具有「不確定性」的結構，事實上大多數的資料都不會毫無變化而讓人觀測到完全相同的數值。大部分的現象都具備了不確定性的特質，因此資料數值大小不一是相當地稀鬆平常。

這種資料數值大小不一的狀態就稱為「資料的分配」。此外，前面還講解過平均數和標準差這幾種統計量，它們是用來掌握資料分配特徵的工具。

那麼，在這一小節裡就要來介紹資料分配中**最具代表性的類型**。

這種類型的資料分配方式，在自然界和社會中所觀測到的資料集合裡出現得相當頻繁，而且其分配的形態可以用數學方法恰當地記述下來，這種分配就叫做「**常態分配**」。事實上，**人類和生物的身高資料**便是常態分配中的經典例子，許多學者專家認為**股票收益率的資料**也是屬於常態分配。我們就依序來看看這幾種例子吧！

首先要介紹的是常態分配中最基礎的「**標準常態分配**」。

標準常態分配的資料集合是從－到＋之間所有的數值資料。

不過，其相對次數會依數值而有所不同，當中既有出現多次的資料，也有不常看到的資料。各數值的相對次數就畫在圖表7-1的直方圖裡，組別以0.1為刻度單位，柱子的高度便是相對次數。事實上，標準常態分配原本的組別範圍為無限小，圖表會呈現出更平滑的曲線，而相對次數則是以圖表中的柱狀面積來表示。其式子就如同圖表7-2所列，看起來令人不太愉快，為了避免讓數學過敏症患者發病起疹子，還是跳過它繼續往下看吧！

圖表7-1 標準常態分配

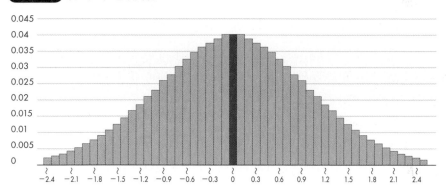

在這裡必須澄清幾件事情。

首先，由於資料集合有無限多個數值，所以不可能實際為它製作次數分配表和直方圖。不論哪一個

圖表7-2 標準常態分配公式

$$f_{(x)} = \frac{1}{\sqrt{2\pi}}\, e^{-\frac{1}{2}x^2}$$

組別都包含無限多個資料，也就是說所有組別的次數都是無限，如此一來對這些資料就無計可施。因此，圖表7-1的直方圖在某種意義上是用偽造的方式繪製而成。

換言之，就是無視「次數」本身，改用「相對次數」（次數在全體資料中所占的百分比，參見第一講第二節）來畫出柱狀圖，所以圖表的縱軸刻度就會是0.×××的形式，**數值在介於0以上而未滿1的範圍之間**。然而，謹慎的讀者想必會陷入迷惑，不解什麼是「相對於無限個數的相對次數」，不過各位讀者在看這張圖表的時候，也必須先讓自己略過這個問題。

雖然標準常態分配的資料集合內包含的數值資料正負皆有，但是請不要用「無限細微的精確度」為標準來逐一檢驗數值，而是**例如以「在0.1～0.2之間的資料占了全體多少百分比」的問題、也就是利用「某個區間範圍」這樣的思考角度來理解資料的狀態**。

接下來要澄清的是，雖然不論是完整的資料或是區間內所包含的資料都有無限多個，不過請相信就算是如此，還是可以用比例的概念來思考資料的數量。

舉個例子來說，假設這裡有邊長2公分和邊長4公分的正方形，每個都密密麻麻擠滿了無限多個點，無法比較哪一邊的圓點比較多。不過若以面積來看，前者為4平方公分，後者為16平方公分，所以就算認定後者的圓點數量比前者多了4倍亦不足為奇。

在標準常態分配裡，組別的資料數量也是同樣的概念，實際碰到無限多個資料這種情況的時候，就把資料數量定義為與面積數字相同。換句話說，圖表7-1是將原本應該呈現平緩曲線的標準常態分配圖表，用一根根細柱狀圖拼湊出近似的東西，而把每根柱子的高度當做相對次數，用來表示範圍內無限資料的數量多寡。譬如說從圖表7-1的直方圖中，可以看到在0.1到0.2之間資料的相對次數約有0.04左右。

「這麼概略的說明真讓人難以忍受！」假如要為這樣心懷不滿的讀者詳加解說的話，話題就會發展到公式化的數學計算法，以上的疑慮也能夠煙消雲散（探討面積時要利用數理統計上通用的「測度論」），然而這極為艱深難懂，要理解必須花很多時間歷經嚴格的修習。想當個貨真價實的統計學家，這是不容逃避的過程，但沒有必要要求一般讀者如此地耗費精力。實在介意到不行的人，建議在讀完本書之後去挑戰更高難度的教科

書。現在就緊接著往下看吧！

回到標準常態分配，請再看一次圖表7-1的直方圖，當中顯眼的山形圖案就稱為「鐘形曲線」。

重點在於，資料會集中在0的周圍使直方圖向上隆起，而超過＋2和低於－2處的資料數量則會急遽減少，使直方圖的高度急遽地往下陷落。這些觀念亦可從平均數和標準差（S.D.）獲得印證，其證明如下：

標準常態分配的性質之一

　　平均數＝0，S.D.＝1

我們可從圖表以0為中心呈左右對稱的現象輕易地理解平均數為0的性質。這種分配之所以叫做「標準常態分配」，就是由其「平均為0」、「S.D.為1」的基準數值衍生而來。

當然，在其他一般的分配當中也有無數平均為0、S.D.為1的情況存在，不過由於標準常態分配已經有明確的公式用來表示其分配狀態（參見圖表7-2），因此像圖表7-1那樣的資料，無論是當中的任何一個區間，其相對次數都是可確知並固定的。標準常態分配的相對次數可以從「常態分配表」中查得，此處則介紹其中幾個非常有用的數值。

標準常態分配的性質之二

　　位在＋1～－1範圍之間的資料（亦即從平均數算起一個S.D.以內的資料）其相對次數為0.6826（＝未滿70%）。

　　位在＋2～－2範圍之間的資料（亦即從平均數算起兩個S.D.以內的資料）其相對次數為0.9544（＝超過95%）。

這些相對次數在今後利用常態分配時會最常使用到，值得銘記在心。

接著請看看圖表7-3，標準常態分配的第二項性質呈現在直方圖上就是這個樣子。也就是說，**在－1到＋1之間柱狀圖高度的總和約占整個柱狀圖的68%。**

「在標準常態分配下，幾乎所有資料都在兩個S.D.的範圍內」這句話是標準常態分配的第二項性質所代表的意義，格外重要，是判斷資料的基準。

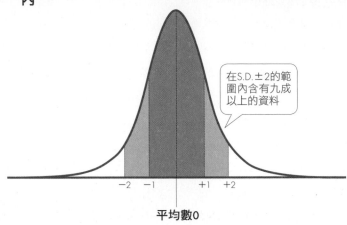

圖表7-3 在標準常態分配下，幾乎所有資料都落在兩個S.D.的範圍內

在S.D.±2的範圍內含有九成以上的資料

−2　−1　　+1　+2

平均數0

2 解讀一般常態分配的方法

　　接下來繼續講解一般的常態分配。一般常態分配的資料集合只需**將所有標準常態分配的資料乘以一個常數，然後再加上一個常數即可求得**。把相乘的常數寫成 σ（希臘字母，讀做Sigma）、相加的常數寫成 μ（希臘字母，讀做Mu），就可以寫成下列的算式：

　　一般的常態分配資料＝（σ×標準常態分配的資料）＋ μ

　　資料經過這樣的處理後，直方圖、平均數和標準差會有什麼樣的變化呢？只要看看**第四講重點整理④**的內容，就能迅速明白。

　　標準常態分配的平均數為0、S.D.為1。要是把全部資料乘以 σ 進行資料處理後，求得的資料平均數就會是$0×\sigma$，依舊為0，而S.D.則為$1×\sigma$，答案是 σ。接著將所有資料加上 μ，求出來的資料平均數就會變成$0＋\mu$，答案為 μ，而S.D.仍然是 σ。總結而論：

一般常態分配的性質之一

　　由「（σ×標準常態分配的資料）＋ μ」這公式所建立的資料，其平均數＝ μ、S.D. ＝ σ。

在此我們就假設 $\sigma = 3$，$\mu = 4$，實際計算一下吧！就如先前說明的那般，在標準常態分配的資料中，＋1和－1之間的資料其相對次數大約占了68%，若用直方圖來解釋這項觀念，意思就是鐘形圖中＋1和－1之間的柱狀圖面積占了全體資料的68%。

因此，把標準常態分配的資料乘以常數3之後，就會變成「＋3和－3之間的資料其相對次數大約占了68%」。接著再加上常數4的話，就會變成「＋7和＋1之間的資料其相對次數大約占了68%」。

用這個概念來思考，就可以了解直方圖會朝左右兩側擴大三倍，接著再往右移動四個單位（參見圖表7-4）。

明白以上的概念後就能夠理解，在前一小節所解說的「標準常態分配之性質」，可以直接置換成「經乘上 σ 倍再加上 μ 所求得的一般常態分配之性質」。其置換結果如下：

一般常態分配的性質之二

位在〔$\mu + (1 \times \sigma)$〕～〔$\mu - (1 \times \sigma)$〕範圍之間的資料（亦即從平均數算起一個S.D.以內的資料）其相對次數為0.6826（＝未滿70%）。

位在〔$\mu + (2 \times \sigma)$〕～〔$\mu - (2 \times \sigma)$〕範圍之間的資料（亦

圖表7-4 從標準常態分配到一般常態分配

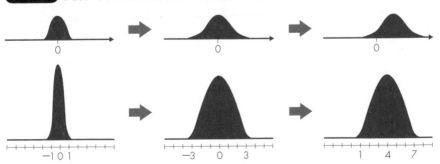

即從平均數算起兩個S.D.以內的資料）其相對次數為0.9544（＝超過95%）。

這個性質替第51頁的解說找到了根據（在「近似於常態分配」的資料集合中，從平均數算起±1個S.D.的範圍內含有約七成的資料，而比±2個S.D.的距離還遠的兩側資料，合起來大約只占了整體資料的5%）。

另外，倘若把以上結論倒過來看，就能如下列算式般反將一般常態分配轉化為標準常態分配的資料。

將一般常態分配化為標準常態分配的公式

當資料x屬於一般常態分配的資料且平均數為 μ、S.D.為 σ 時，只要用以下公式進行處理，就可以將資料x化為屬於標準常態分配的資料z：

$$z = (x - μ) ÷ σ$$

要看穿資料的特性，不能只靠這條方便的公式，還必須與到目前為止所講解的「資料解讀法」整合起來。在第四講第四節中也有同樣的說明，請再回頭複習一次。

總而言之，由於z＝（x － μ）÷ σ 的意思即為**（資料－平均數）÷標準差**，因此z值其實就是顯示「資料距離平均數有多少個S.D.」的數值。目前為止已多次強調這種解讀法的重要性，而於一般常態分配上又可見其在數學方面具有的重大意義。

從至今的說明中，亦可發現以下極其重要的事實：

常態分配只有唯一一種類型，也就是平均數為 μ，標準差為 σ。

▌3 身高的資料呈常態分配

在這一講一開始就提到身高資料是屬於常態分配的一種，應用前一小節的公式就能確定其真偽。

首先再度截取第一講所使用的次數分配表，也就是80位女大學生的身高資料（參見圖表7-5）。

圖表7-5 80位女大學生身高的次數分配表

組別	組中點	次數	相對次數	累積次數
141～145	143	1	0.0125	1
146～150	148	6	0.075	7
151～155	153	19	0.2375	26
156～160	158	30	0.375	56
161～165	163	18	0.225	74
166～170	168	6	0.075	80

　　從這張次數分配表算出的平均數為157.75公分，S.D.為5.4。

　　將原本以五個數字為一組區分開來的組別，改成像140～145、145～150及150～155……這樣毫無間隔的分組，然後減掉平均數再除以S.D.，求得z值。按這樣的步驟計算下去，就會求出將組別轉換為標準常態分配後與資料的對應情形，接著使用試算表軟體，在當中輸入z值及軟體提供的函數工具，求出各個組別在標準常態分配下所對應到的相對次數，這就是圖表7-6的內容。

　　比較一下圖中實際相對次數和標準常態分配下相對次數的曲線，可以看出兩者極為一致地疊合在一起。

　　除了身高之外，還有一種情形也很接近常態分配，那就是將投擲N枚硬幣時出現正面的枚數記錄成資料的狀況，詳情可參見第82頁的【**補充說明**】。

圖表7-6 身高資料真的是標準常態分配嗎？

組別轉換成標準常態分配後的數值（z）	實際的相對次數	把資料當做常態分配時的相對次數
－3.287～－2.361	0.0125	0.0086
－2.361～－1.435	0.075	0.0665
－1.435～－0.509	0.2375	0.2297
－0.509～0.417	0.375	0.3563
0.417～1.343	0.225	0.2488
1.343～2.269	0.075	0.0781

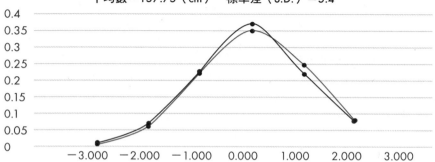

平均數＝157.75（cm）　標準差（S.D.）＝5.4

具體說明請看圖表7-7，圖中其實同時畫出了投擲硬幣的圖形以及某個一般常態分配的圖形，兩者幾乎是完全重合，毫無落差。

從投擲硬幣來看，可以得知以下定律：

投擲硬幣近似於常態分配

圖表7-7 投擲18枚硬幣後，出現k枚正面的相對次數（以數學方法來計算）

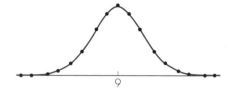

同時投擲N枚硬幣、或是將硬幣連續投擲N次，並將當中出現正面的枚數記錄成資料。若把這項作業流程擴大實行，並將正面出現次數X的相對次數做成直方圖，其結果就會近似於以下此種常態分配：

平均數為 $\dfrac{N}{2}$ ，S.D. 為 $\dfrac{\sqrt{N}}{2}$

重點整理

① **常態分配**是自然界和社會上**最常見的資料分配類型**。舉例來說，在**身高**的資料、以及**投擲硬幣**出現正面的枚數等資料，都可以看到這種情形。

② **標準常態分配的平均數＝0，標準差（S.D.）＝1**。

③ 在標準常態分配中，位在＋1～－1範圍之間的資料（亦即**從平均數算起一個S.D.以內**的資料）其相對次數為0.6826（＝**未滿70%**）。位在＋2～－2範圍之間的資料（亦即**從平均數算起兩個S.D.以內的資料**）其相對次數為0.9544（＝**超過95%**）。

④ **一般常態分配的資料可由（σ×標準常態分配的資料）＋μ 的公式求得，其平均數＝μ，S.D.＝σ**。

⑤ 要將平均數為 μ、S.D.為 σ 的常態分配回復為標準常態分配，只需套用以下算式：
$$z = (x - \mu) \div \sigma$$

⑥ 在平均數為 μ、S.D.為 σ 的標準常態分配中：
位在〔μ＋（1×σ）〕～〔μ－（1×σ）〕範圍之間的資料（亦即**從平均數算起一個S.D.以內**的資料）其相對次數為0.6826（＝**未滿70%**）。
位在〔μ＋（2×σ）〕～〔μ－（2×σ）〕範圍之間的資料（亦即**從平均數算起兩個S.D.以內**的資料）其相對次數為0.9544（＝**超過95%**）。

補充說明

世上的常態分配多不勝數

在第七講當中曾經提到最常被觀測到的分配現象為常態分配，這句話是什麼意思呢？

用「機率」的觀點來釐清不確定現象的做法是由十七世紀時的數學家首先著手展開，在這樣的數學研究當中率先為人所知的研究成果，就是「選定一種會出現不確定數值的現象做為實驗對象，記錄在n次當中每次出現的數值為何、並且平均起來，製作成一組資料。接著重複這套作業，然後依每個『n次的平均數』畫出直方圖，就可以發現無論是哪種不確定現象，隨著n值愈來愈大，圖表就會趨近於某種一定的圖形。」而這裡所謂的「一定的圖形」就正是「常態分配」。

以歷史前例來說，在第七講中所提到的「投擲硬幣」，早在很久之前就有數學家拿來分析。

假設硬幣擲出正面為1點、投出反面為0點，在重複投擲n次之後，把獲得的點數除以n求出平均數，將這個過程記錄下來所獲得的資料，其實就和「同時投出n枚硬幣，將出現正面的枚數除以n」這樣的資料是相同的意義。而「投擲硬幣出現正面機率」的直方圖雖然是依資料的相對次數來繪製，不過這個相對次數並不是實際執行後所獲得的數值，而是在數學上計算機率後，將獲得的數字當做相對次數來製圖。圖表7-7的直方圖就是這樣的一個例子（譯注1）。

事實上數學家已經證明出當n值極大的時候，依「投擲硬幣在數學上的機率」所製出的直方圖就會近似於常態分配。對此證明有興趣的話可以參考拙作《世界第一簡單微積分》（歐姆社）。

此後數學家繼續努力，又在投擲硬幣這種原本就知道的不確定現象之外，發現其他各式各樣的現象也是相同的狀況。然後在二十世紀初，終於經由數學家柯莫格洛夫的證明得出了一條普遍通用的定律，稱為「中央極限定理」（譯注2）。

如果將現實裡所觀測到的不確定現象（例如生物的身高或股價），想像成是經由許多單一的不確定現象重複累積並整合後所形成，那麼用**「當中央極限定理發揮作用時就會出現常態分配」**的概念來解釋這些不確定現象時，也就能猜個八九不離十了。

譯注1：意即由於「投擲硬幣」已經由前人的分析知道近似於常態分配，所以在繪製圖表時不需實際丟硬幣，只要套用第80頁的公式即可。

譯注2：中央極限定理的概念，即不論母群體是否為常態分配，只要隨機抽樣的樣本數n夠多，其樣本平均數的分配就會近似於常態分配。

推論統計的出發點
用常態分配來「預言」

1 用常態分配的知識即可「預言」

在第七講及其 Column 已經說過日常中許多的現象都屬於常態分配，如此就可以問一個問題：既然可以把所關注的不確定現象歸類為常態分配，那是不是也能夠利用常態分配的性質來做預測呢？

是的，**這種想法完全正確**。而這樣的構想正是**「推論統計」的出發點**。

首先先設想已知我們所關注的不確定現象是屬於標準常態分配的情況，然後來「預言」下一個會出現的資料是什麼。這時我們所具備的知識是「雖然不曉得接下來會出現什麼樣的資料，但知道它的相對次數會在標準常態分配的範疇內」。此時，我們應該預測結果為什麼樣的數值才好呢？為了思考這個問題的答案，請回頭再看一次標準常態分配的直方圖吧（參見圖表 8-1）！

當然，要讓預言成功命中，正確的做法是挑出「出現機會高」的數值。直方圖中柱子的高度代表資料出現的相對次數，而我們也可以把它看做是資料出現的可能性大小。如同圖表 8-1 所示，高的柱子都位在 0 的附近。因此，**若事先宣告「下一個出現的數值會是 0 左右」便相當容易猜中結果，稱得上是不錯的戰略**。

圖表8-1 標準常態分配的直方圖

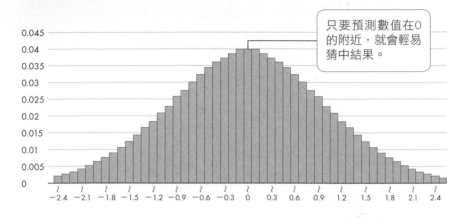

只要預測數值在0的附近，就會輕易猜中結果。

　　雖說如此，但像這樣講出了一個預言的數字卻無法保證一定會說中，這是由於如先前所言，在標準常態分配中無論什麼數值都有可能出現成為資料，因此命中的機率就變成「無限分之一＝0」。所以說，我們應該要預測一個「○以上、○以下」的幅度範圍。

　　那麼，如果預測下一個出現的會是「0以上、0.1以下的數值」會變得怎麼樣呢？

　　看一看直方圖，就會發現這段區間的資料其相對次數約為0.04左右，換言之在標準常態分配資料中有大概4%的數值落在了這段區間，所以如果預言「0以上、0.1以下的數值」，命中的機率就是4%。然而，這種預言的精確度極低，幾乎都會落空。

　　那麼，應該要猜測什麼樣的區間才可以提升命中率，滿足預言的精確度呢？

　　這時，第七講提到的「標準常態分配的性質之二」就派上用場了。透過這項性質即可斷定「從－1到＋1這段範圍內的資料，其相對次數大約占全部的68.26%」。也就是說，要是預測下一個數值會出現在「－1以上、＋1以下」的區間內，**預言命中的機率就會接近68.26%**，精確度可說是相當高。

② 標準常態分配的95%預測命中區間

在前一小節當中已經知道，當我們要在觀測前預言出標準常態分配資料集合裡的一個數值時，如果推估數值在「0以上、0.1以下」，猜中的機率大概有4%。而若是推估為「＋1以上、－1以下的數值」，命中的機率就會接近68.26%。那麼，應該要以多大的「命中機率」為目標、又應該預言在哪個區間才好呢？

首先看一下直方圖就能一目了然，假如**希望猜中的機率要大的話，預測的區間就必然要廣**。不過如果直接一口氣預言數值位在「－∞以上、＋∞以下」之間，就算因為預測的區間涵蓋了整個直方圖而的確能百分之百命中，也只會被人嫌棄這再理所當然不過，根本派不上用場。

因此，我們必須預測一個有限的範圍，但這麼一來由於捨棄了直方圖的一部分，所以預言就會有若干百分比的機率落空。於是問題就變成「可以容忍預言不準確到什麼程度」，而「命中機率」的設置一般來說是依統計使用者的需求來決定。

通常較為人廣泛使用的有「**95%準確命中**」以及「**99%準確命中**」這兩種預測範圍，在本書中則以最常用到的「95%命中率」為例來講解。而**選擇「95%命中率」從反面來看，就要有「5%預測落空」的心理準備**。

不過，人對於像是投擲硬幣結果連續五次出現反面等發生機率小於5%的現象，會抱持「真稀奇」、「不尋常」、或是「發生怪事」之類的感覺，換句話說就算出於偶然而有5%的機率會令預測落空，我們還是能夠同意這項被觀測到的數值屬於罕例，出現特殊情況也是沒辦法的事。

在第七講中曾經提過位於「－2以上、＋2以下的數值」其相對次數約為95.44%。因此，雖然也可以用這個範圍來預測，但在統計學中會盡可能將命中機率選定在剛剛好95%的範圍上，所以為了去掉多餘的0.44%部分，區間就要變窄一點，而選定「**－1.96以上、＋1.96以下**」的範圍為「95%準確命中」的預測區間。其實就算以此為預測區間也並非剛好就是95%的命中率，不過在統計學上習慣**不加「約」字而直接採用1.96這個數值**。我們就把這項概念寫成定律的格式吧！

標準常態分配的「95%預測命中區間」

標準常態分配的95%預測命中區間位在－1.96以上、＋1.96以下

我們該怎麼看待這個「95%預測命中區間」呢？首先可以判定的是，這一看就知道是極為大膽的預言。為什麼呢？因為照原理來說，標準常態分配中從－∞到＋∞之間的任何一個數值都有出現的機率，所以預測結果會出現在「－1.96以上、＋1.96以下」這一小段區間就顯得十分大膽。

要是沒有常態分配知識的人看到你用這預測頻頻猜中的樣子，一定會以為你是個超能力者。然而接下來我們還應該知道一個觀念，就是使用這種預測法必須要有忍受5%失誤風險的心理準備。

認為科學法則就等於「必然事實」的人或許會對此困惑不已。不過，統計學當中所採用的方法和至今我們所知的科學定律有些許的不同（例如地球上的物體若無外力介入就會往地面落下），也就是說統計學方法**打從一開始就放棄百分之百準確猜中**。我們應當要理解95%預測命中區間，就是以**容許5%這個「失誤程度適中」的方式，使我們能夠用極為狹窄的區間做預測**。

談到這裡，謹慎的讀者想必會懷有疑問，相對次數的加總為95%的區間不是還有很多種可能性嗎？這話說得一點也沒錯。舉個例子來看，與「－1.96以上、＋1.96以下」範圍稍微錯開的「－2.1以上、1.86以下」，其相對次數也是95%，然而要是採用這段區間，預測的精確度就會下降。這一點想必敏銳的讀者也看得出來吧！

為什麼呢？因為「－1.96以上、＋1.96以下」的區間長度為3.92，而「－2.1以上、1.86以下」的區間長度為3.96，後者的預測範圍比前者來得較長。如果從預言的精準度來考量，**預測出來的區間還是愈短愈好**。實際上，倘若必須基於預測內容來為結果做事前準備，那麼選擇較狹小的預測範圍就能夠準備得更為妥善、更有效率。因此，若能留意到直方圖呈左右對稱、且愈接近對稱軸出現頻率就愈高的特點，就會知道**要想從相同預測命中機率的各種區間中選出最短區間的話，就應該選擇左右對稱的部分**。

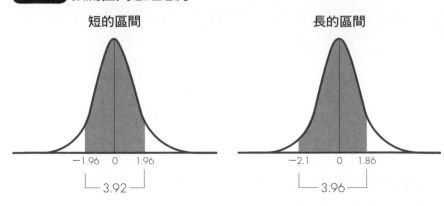

圖表8-2 預測區間愈短愈好

短的區間　　　　　　　　　　　　長的區間

−1.96　0　1.96　　　　　　　　−2.1　0　1.86

3.92　　　　　　　　　　　　　3.96

3 一般常態分配的95%預測命中區間

緊接著要講解的是，當我們所關注的資料呈一般的常態分配時，要如何設定出讓觀測資料達到95%命中率的預言。在這裡，只要想一下一般常態分配和標準常態分配的關係為何，就能夠簡單地理解。

正如第七講所言，一般的常態分配資料可用下列公式求得：

一般常態分配的資料＝（σ×標準常態分配的資料）＋μ

如上式所示，將標準常態分配的資料乘以一定的數值 σ、再加上一定的數值 μ 後，即可求得一般常態分配的資料，且其平均數為 μ、標準差（S.D.）為 σ。因此，當要求出一般常態分配的95%預測命中區間時，也是一樣將標準常態分配的「−1.96以上、＋1.96以下」的兩端數字乘以 σ 再加上 μ，就可以得到答案。換言之：

一般常態分配的95%預測命中區間

平均數為 μ、S.D.為 σ 的常態分配之中，其95%預測命中區間在〔μ −（1.96σ）〕以上、〔μ ＋（1.96σ）〕以下

這項定理的形成，是利用將標準常態分配化為一般常態分配的公式。相反地也有將一般常態分配化為標準常態分配的公式，其定律如下：

將一般常態分配化為標準常態分配的公式

當資料 x 屬於平均數為 μ、S.D. 為 σ 的一般常態分配資料時，只要用以下公式對資料進行處理，就會得到化為標準常態分配的資料 z：

$$z = (x - \mu) \div \sigma$$

我們就利用這條公式來呈現 95% 預測命中區間吧！雖然在這情況下以不等式來表示很麻煩，但接下來這條重要公式之後也會頻繁出現，就好好記下來吧。

一般常態分配的 95% 預測命中區間：以不等式表示

當資料 x 呈平均數為 μ、S.D. 為 σ 的常態分配時，它的 95% 預測命中區間就位在將以下的不等式解開後所求得的範圍內：

$$-1.96 \leq 標準常態分配 z \leq +1.96$$

$$-1.96 \leq \frac{x - \mu}{\sigma} \leq +1.96$$

進一步來說，當以「實際資料距離平均數有多少個 S.D.」為單位來衡量一般常態分配的預測命中區間長度時，就代表「可以推測實際資料會落在 ±1.96 個 S.D. 的範圍內」（譯註）。這可以說是利用了曾多次解釋過的 S.D. 資料解讀法予以正當化後所產生的法則。

譯註：此處不等式中的 $\frac{x - \mu}{\sigma}$ 就是之前所提過「實際資料距離平均數有多少個 S.D.」的算法，也就是將資料 x 減去平均數 μ 之後再除以標準差 σ

接下來就用一個例子來看看這些定律該如何應用吧！

就如第七講所言，投擲 N 枚硬幣出現正面的枚數近似於平均數為 $\frac{N}{2}$、S.D. 為 $\frac{\sqrt{N}}{2}$ 的一般常態分配。譬如說，將同時投擲一百枚硬幣時出現的正面枚數記錄下來並重複操作多次，再製作相對次數的直方圖就會發現，結果幾乎和「**平均數為 $\frac{100}{2} = 50$、S.D. 為 $\frac{\sqrt{100}}{2} = 5$ 的一般常態分配**」的直方圖一模一樣。

那麼，現在就預測同時擲出一百枚硬幣時出現正面的硬幣有幾枚，將預測的範圍定在「95% 預測命中區間」吧！

依照之前所介紹的定律，可知應該預測在「〔μ −（1.96σ）〕以上、〔μ +（1.96σ）〕以下」的範圍內，所以只要將 $\mu = 50$、$\sigma = 5$ 代入公式即可。於是 95% 預測命中區間就會落在「〔50 −（1.96×5）〕以上、〔50 +（1.96×5）〕以下」=「**40.2 以上、59.8 以下**」換句話說，只要預測**出現正面的硬幣數是在四十枚到六十枚之間**，這項預言大致就不會出錯。

這裡所謂「大致」的意思是說，倘若做了 M 次預言並且 M 的次數夠多，那麼當中就會有 5%（M×0.05 次）的預測會落空。或者也可以說，如果有 M 個人都主張這項預測，在那之中就會有 5% 的人（M×0.05 人）猜不中。

最後，我們就以不等式對相同的例子進行計算吧！此不等式為：

$$-1.96 \leq \frac{x-\mu}{\sigma} \leq +1.96$$

將 μ 代入50、σ 代入5之後：

$$-1.96 \leq \frac{x-50}{5} \leq +1.96$$

把三邊都乘以5倍後：

$$-1.96 \times 5 \leq \frac{x-50}{5} \times 5 \leq +1.96 \times 5$$

$$-9.8 \leq x-50 \leq +9.8$$

把三邊都加上50後：

$$-9.8+50 \leq x-50+50 \leq +9.8+50$$

$$40.2 \leq x \leq 59.8$$

請確認一下，這答案與前述的計算結果相同（有四十枚到六十枚硬幣會出現正面）。

重點整理

① 標準常態分配的95%預測命中區間就位在 -1.96 以上、$+1.96$ 以下之間。

② 平均數為 μ、標準差（S.D.）為 σ 的常態分配，其95%預測命中區間是在〔$\mu - (1.96\sigma)$〕以上、〔$\mu + (1.96\sigma)$〕以下。

③ 當資料 x 屬於平均數為 μ、S.D. 為 σ 的一般常態分配資料時，只要透過公式 $z = (x - \mu) \div \sigma$，就可以得到化為標準常態分配的資料 z。

④ 當資料 x 呈平均數為 μ、S.D. 為 σ 的常態分配時，其95%預測命中區間就位在解開了不等式 $-1.96 \leq \dfrac{x - \mu}{\sigma} \leq +1.96$ 後所求得的範圍。

練習題

已知日本成年女性的身高資料屬於平均數約160公分、S.D.約10公分的常態分配。倘若此刻你想事先預測明天會碰面的成年女性有多高，為了達到95%的命中機會，應該要將結果預測在哪個範圍內才好呢？這時只需解開以下不等式：

$$-1.96 \leq \frac{x - (\quad)}{(\quad)} \leq +1.96$$

然後預測對方在（　　）公分以上、（　　）公分以下即可。

※解答在第201頁

占卜師鐵口直斷的手法

在筆者以前看過的電影中，有個角色會對第一次見面的女性說：「妳的目光黯淡，是有什麼心事吧！」這話準到出乎對方的意料之外，那名角色就藉此博得信任而得以接近對方。後來劇情進行到一半，主人公就透露道：「大部分的女性都有煩惱，所以只要這麼說，她們就會有所反應。」

就筆者所知，許多占卜師似乎都懂這一套。一般而言，找占卜師算命的人一定懷抱著苦惱，所以只要講一句「你有心煩的事吧！」就能未卜先知。而接下來，占卜師可從服裝、飾品和雙手粗糙的程度看穿對方的經濟狀況，因此在前來算命的人眼中，經驗豐富的占卜師就宛如一位百發百中的預言家。

在本講中已經提過，要讓統計學以百分之百的機率猜中標準常態分配的資料，就得預測結果是位在 $-\infty$ 到 $+\infty$ 的全部範圍內，而這樣做是沒有意義的，所以我們要冒著5%預言落空的風險，把範圍**縮小到 -1.96 到 $+1.96$ 之間**。而占卜師的情況又是如何呢？

我想，以占卜師的情形來說，由於客戶是人，只要預言不準就可以含糊其詞地帶過，一邊改變話題，一邊刺探對方的心意。因為對占卜師而言，重要的不是如何確保自己鐵口直斷，而是**如何讓客人相信他鐵口直斷**。

假設檢定的思路
從一項資料來推測母群體

1 所謂的推論統計，就是由部分來推測整體

　　到第八講為止我們已整裝待發，現在終於要一闖「推論統計」的領域，而本書接下來將以快速講解清楚為目標。

　　首先，通常當我們看到某項資料的時候，會很自然地認為其背後有龐大的資料，而這項被觀測到的資料是屬於其中的一分子。

　　舉例而言，要是在工廠生產的製品中發現一個瑕疵品，就會想到它是以某個比例混在至今生產的所有品項當中的瑕疵品之一。此外，當目擊到身長十公分大小的燕尾蝶時，也自然可以把測量到的身長結果，視為這是在各種身長不一的燕尾蝶裡其中一隻的狀況。

　　總地來說，我們平常**所觀測到的，其實都只是龐大資料集合當中的某幾個資料而已**，要先理解這個概念再繼續往下看。

　　了解這項概念以後，接下來就要考量**是否可以從實際觀測到的若干資料，推測出其背後所隱含的龐大資料整體**。像這種「從部分推測全體」的概念可說是統計學引人入勝之處（參見第102頁 Column）。

　　藏於部分資料背後那廣闊無垠的資料整體，在統計學上叫做「**母群體**」。也就是說，推論統計的工作其實在於可以**從觀測到的資料來推論母群體的狀況**（參見圖表9-1）。

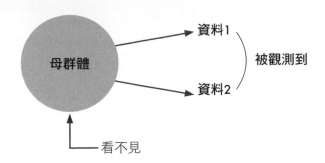

圖表9-1 從觀測到的資料推論母群體

最典型的例子是**選舉出口民調**。所謂的出口民調,就是在選舉時媒體記者會在投票所前調查選民「把票投給了誰」、「投給了哪一黨」等問題,報社和電視台再依調查結果來**預測選舉得票數**。各位在選舉的時候想必都有這種經驗,訝異才正開始開箱點票且開票率不過幾個百分比的時候,媒體就已出現確定當選的報導。這正是推論統計的技術結晶。

以選舉的例子來說,此時的母群體就是選民全體的投票結果,而被觀測的資料則是出口民調所問到的投票結果,和母群體全部投票數比較之下不過是相當微小的數量。由於選舉能夠在數小時之內就確知所有的資料結果,因此在統計學上是非常寶貴的研究專題。除了極少數案例之外,**透過出口民調所得出的預測通常具有極高的精準度而能與選舉實際結果一致**,各位應該都很清楚。

仔細想想,選舉其實只要經過一天時間就能完全得知母群體的情況,也就沒有必要做任何統計上的推論,或許可以說這只是透過媒體的一種選舉宣傳手法。不過除了選舉以外的大多數不確定現象,幾乎都無法觀測到其背後母群體的一切情況,因此能夠從觀測到的資料中獲取母群體的某些知識,這樣的經驗對我們的日常生活來說是非常寶貴的。

2 估計可信的母群體

接下來，我們就針對足以代表推論統計的「**檢定**」來解說其概念的根本構想吧！

以下面的應用題為例：

應用題一（以住宅販賣公司的員工立場來考量）

假設有一件新建住宅案的販賣資訊印成廣告單夾在報紙裡發送。

結果，有10個人打電話詢問看屋的相關事宜。根據經驗可知，通常要看屋的人當中有二分之一的機率會事先打電話來問。

那麼，將這次的看屋人數預估為以下數值是否妥當呢？試針對下列各項情況來判斷。

①16人　②36人

像這樣的問題在日常生活多多少少會碰到，倘若站在這名員工的立場，就會明白事先預估看屋的人數是一件極為重要的事情，像是要安排多少導覽人員、準備多少拖鞋和茶水等等各方面的問題，預估的數值都能夠派上用場。

事實上這個問題若換個設定改成以下的情境，意義也是一樣的。

應用題二（硬幣版問題）

假設進行了投擲N枚均勻硬幣的實驗後，得知有10枚硬幣出現正面。如果將投擲的枚數N推測為以下數值是否妥當呢？試針對下列各項情況來判斷。

①16枚　②36枚

實際上，只要將以上兩個例子當中的要素置換一下，就能把這些問題等量齊觀，而且這種置換更容易在統計學上掌握問題的本質：

硬幣枚數→想要看屋的人數

出現正面的枚數→來電洽詢的人數

丟出正面的機率→想看屋的人事先來電洽詢的機率

首先，這裡的母群體即「投擲N枚硬幣無限多次後，當中出現正面枚數的資料」。請各位在腦中想像0、1、2……N這些數不清的數字擠在池塘裡的樣子，每一種數字都有無數個相同的數字在游泳，但是每種數字的數量「多寡」是不一樣的。

那麼問題來了。

「當我們從池塘中實際觀測到一個個體資料10的時候，要推測N為多少才妥當呢？」

我們將想要推測的這個N稱為母群體所具備的**參數**。

在這裡，請將參數理解為「**所要估計的母群體種類**」。

於是，假如N＝16，母群體就等於「投擲十六枚硬幣後出現正面枚數的資料集合」；假如N＝36，母群體即為「投擲三十六枚硬幣後出現正面枚數的資料集合」。母群體有像這樣各種不同的類型，在知道了參數N為多少以後，母群體就可以固定下來成為一種類型。

換言之，參數能夠決定母群體的種類，也是當我們不知道實際上有多少資料時，必須用來進行推測的對象。而問題則在於，要如何對於參數N推算出一個妥當的數值呢（參見圖表9-2）。

圖表9-2 要如何推算參數N？

首先，最為妥善的推算當推「N＝20」。為什麼呢？這是因為硬幣出現正面的機率為二分之一，所以可以假定投擲的硬幣中有大約一半出現了正面，而現在正面的硬幣有10枚，那麼就可以推測投擲硬幣的總數是10枚的兩倍，也就是20枚。

然而，要是考慮到硬幣是「大約」一半為正面，那麼與一半有點差距的「N＝21」和「N＝19」，想必也是妥善的推論。

那麼，**究竟要相距20多遠才算是完善的判斷呢？ N＝16怎麼樣？ N ＝36又如何？**這問題就是此處我們要探討的重點。

3 以95%預測命中區間進行妥善的判斷

在統計學中，當要考量適合當做參數N的數值可容許的範圍時，就是利用第八講中所提到的「95%預測命中區間」。

首先我們應該想一想，列入候補當中的N＝16是否「有可能」適合。換句話說，就是要以假設「N＝16」的條件來探討它是否妥當，或者是否應該捨棄這個假設。

因此我們就來看看，假如「N＝16」，也就是硬幣投擲的枚數為16枚、而觀測到的正面枚數有10枚時，這樣的結果是否合理？為了對此進行判斷，我們要思考這樣的問題：

「倘若要預測投擲16枚硬幣後出現正面的枚數有多少，那麼『10枚』這個答案會在預測範圍之內嗎？」

接著就來定出當N＝16的確為真的情況下，要預言正面枚數時的「95%預測命中區間」。此時，由於正面枚數的資料近似於平均數 $\mu = \frac{16}{2} = 8$、標準差（S.D.）$= \frac{\sqrt{16}}{2} = 2$的常態分配（參見80頁），因此就可以用以下的不等式來表示95%預測命中區間（參見第八講重點整理④）：

$$-1.96 \leq \frac{x-8}{2} \leq +1.96$$

解開算式後，求得答案為：

$$8-(1.96 \times 2) \leq x \leq 8+(1.96 \times 2)$$

$$4.08 \leq x \leq 11.92$$

當然，從第八講重點整理②的公式〔$\mu-(1.96\sigma)$〕以上、〔$\mu+(1.96\sigma)$〕以下所求到的答案，也和上式一模一樣。

換句話說，我們應該預測硬幣出現正面的枚數會在「4.08 以上、11.92 以下」的範圍內。

「觀測到正面枚數為 10 枚」的這項結果涵蓋在上述範圍內，而其意義就如下所述：假如我們已經知道母群體中的參數 N ＝ 16，並且要預測硬幣出現正面的枚數的話，那麼 10 這個答案會位在預測的有效範圍內。

所以說，在投擲 16 枚硬幣、也就是參數 N ＝ 16 的時候，如果觀測到有 10 枚正面硬幣也不足為奇，這個結果本來就在預先設想的範圍內。因此，由於「N ＝ 16」的假設有成真的可能性，所以就不用捨棄而可以保留下來。

接著也用同樣的方式來檢測看看「N ＝ 36」的假設。

在 N ＝ 36 的時候，擲出正面枚數的資料會近似於平均數 $\mu = \dfrac{36}{2} = 18$、S.D. $= \dfrac{\sqrt{36}}{2} = 3$ 的常態分配。

因此，95% 預測命中區間為：

$$-1.96 \leq \frac{x-18}{3} \leq +1.96$$

解開算式後，答案為：

$18 -（1.96 \times 3）\leq x \leq 18 +（1.96 \times 3）$

$12.12 \leq x \leq 23.88$

這一回，在現實中觀測到的數字 10 就沒包含在這項預測的範圍「12.12 以上、23.88 以下」之中。倘若把母群體的參數假設為 N ＝ 36，那麼我們在現實中觀測到的資料 10 就成了沒有被預測到的意料外數值。

這時，我們可以有兩種思考方式。

思考方式一　對母群體的假設正確，但發生了原本就預期會有的風險，意即這是只有 5% 發生機率的稀有事件。

思考方式二　對母群體的假設不正確。

上述兩種思考方式都說得通，但在統計學裡會在當中採用**思考方式二**。

在劃定預測命中範圍的時候，由於要有忍痛承擔風險的心理準備，所以在這個時候也必須秉持一貫的態度。換句話說，這時就要把不妥當的假設「N＝36」捨棄掉。

這在統計學上的專門術語就叫做「**拒絕該假設**」。

從以上的計算中，我們得到了問題的解答：採納 N＝16 為妥當的假設（不捨棄），然後拒絕 N＝36 的假設。

將上述概念用圖表來表現的話，就成了圖表9-3。

圖表9-3 用95%預測命中區間檢驗假設是否妥當

在投擲16枚硬幣（N＝16）的時候

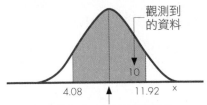

從參數N＝16假設平均數為8

由於95%預測命中區間能將觀測到的資料包含在內，故接受該假設。

在投擲36枚硬幣（N＝36）的時候

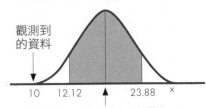

從參數N＝36假設平均數為18

由於95%預測命中區間不包含觀測到的資料，故拒絕該假設。

以下為一開始應用題的解答。

應用題一　住宅販賣公司的問題解答：預估有16人，而不預估為36人。

應用題二　硬幣枚數的問題解答：預估有16枚，而不預估有36枚。

以上就是統計學中稱為「**假設檢定**」的方法，我們只對於其構想的部分做了極為簡略的解說。不過，如果僅是單純要使用假設檢定的方法做為工具，那麼其實**只理解如上的簡略概念就已足夠**了。

重點整理

假設檢定的思路

對於呈常態分配、或近似於常態分配的母群體參數來說,要驗證其為某個數值的假設是否成立,只須按下列步驟實際計算即可。

當此項參數的母群體呈常態分配,而平均數為 μ、標準差(S.D.)為 σ 的時候,針對觀測到的資料 x 來計算的不等式為:

$$-1.96 \leq \frac{x-\mu}{\sigma} \leq +1.96$$

倘若上式成立就不拒絕,也就是接受該假設。

倘若上式不成立,就拒絕該假設。

練習題

這次我們投擲 N 枚硬幣,當出現 57 枚正面硬幣的時候,試計算並回答是否該拒絕 N = 100 枚的假設。

投擲 N 枚硬幣的時候,

由於資料近似於平均數為 $\frac{N}{2}$、S.D. 為 $\frac{\sqrt{N}}{2}$ 的常態分配,

因此只要假設 N = 100,正面的枚數就會近似於:

平均數( )÷2 =( )枚

S.D. ( )÷2 =( )枚的常態分配。

所以說,假如要求得正面枚數 x 的 95% 預測命中區間,算式就變成:

$$-1.96 \leq \frac{x-(\quad)}{(\quad)} \leq +1.96$$

( )≤ x −( )≤( )

( )≤ x ≤( )

由於這個範圍(□包括 □不包括)x = 57,因此要(□拒絕 □不拒絕)N = 100 的可能性。

※解答在第201頁

劃時代的統計檢定及其限制

推論統計是二十世紀開始確立的技術，它可説是人類引頸盼望的方法。為什麼呢？因為這是**從部分事實對全體進行推論的「歸納性推論」**。

一般人所採用的推論方式可大略區分為「**演繹法**」和「**歸納法**」兩種。所謂的演繹法，是由全體導向部分的推論形式，例如「每個人都會死，所以我自己也會」的引申。**「每個」成立，「個別」也會成立**，這樣的推論非常理所當然，正因如此，才**沒有讓人懷疑的餘地**。但它的限制卻是，**無法導出驚人的結論**。

相對之下，所謂的歸納法則是**由部分導向全體**的推論形式，例如「到昨天為止，太陽歷經了數千年都一直持續升起，因此明天以後也仍然會不斷升起」。歸納法在我們平常進行的推論中經常會用到，**儘管自然卻不能保證一定正確**，也是容易出錯的推論方式。

數理科學中的推論至今一直以演繹法為中心，然而到了二十世紀，統計學成功將歸納性的推論建構為數理科學的地位，可説是劃時代的發展。

在本講所提到的「檢定」概念由於是用個別的部分資料來推論整個母群體，在推論時納入了5%可能出錯的機會，而可以斷定它屬於歸納的方法。

不過在利用這種統計檢定的方法時，往往必須意識到一件事，那就是我們只能**消極地評判**其結論。

只要把本講的解説仔細再讀過一遍，就會發現檢定的結論雖然在「拒絕」時其論調強而有力，但在「接受」的時候卻只不過是代表「無法拒絕」的意思而已。

換句話説，我們必須明白推論統計**能夠強硬地使用「否定」**（但也需視使用方式而定），而使用「肯定」並不恰當。

　以硬幣枚數為例，當拒絕了N＝36的可能性時，就意味著如果這個假設是正確的，其命中機率也只有5%以下，因此應屬於異常狀況，這時可儘管強烈主張「捨棄它也不壞」。不過，在接受N＝16這個假設的時候，採用的主張卻是「沒有拒絕這項可能性的有力依據」這樣寬鬆的結論。

　推論統計正因能夠充分理解其所具有的這些**限制**，因此才能確保其的確是全新且有效的推論方法。

區間估計
以測量溫度為例，
找出命中率95%的信賴區間

1 反將預測命中區間運用在估計上

在第九講中解釋了「檢定」的方法，利用95%預測命中區間來評判母群體參數的假設是否適切。簡要來說，就是估計出「假設下的母群體其資料的95%預測命中區間」為何，再看看現實裡觀測到的資料是否包含在這區間當中，不包含在內的話就捨棄（拒絕）此母群體參數的假設，包含在內的話則將此母群體假設視為具有可能性而留下（不拒絕）。

如果將這種評斷假設的方法實行在各個所有的參數上，就能將什麼是具有可能性而無法捨棄、應將其保留的參數集合體確立下來，而把這些參數的集合體視為「以可能的母群體參數所推估而來的區間」也是很自然的。

我們將這種「可能的參數集結而成的區間」稱為「**95% 信賴區間**」，而以這樣的區間來推估參數的方法，就叫做「**區間估計**」。光是解釋名詞實在太抽象，還是以第九講所提到的估計硬幣的枚數N為例來具體說明吧！

以下將第九講中的應用題改寫為以區間估計為設計的題目：

應用題一（硬幣問題第二版）

　　假設只知道在進行投擲N枚硬幣的實驗後，結果出現10枚正面硬幣，試判斷硬幣的總枚數N是在幾枚到幾枚之間？

　　在第九講中已經知道，硬幣總枚數16枚的假設有將10枚這個結果涵蓋在區間範圍內，而36枚則沒有。檢驗的方法（假設檢定）如下：

針對硬幣枚數N的假設檢定

　　以參數N而言，若將投擲N枚硬幣後出現正面枚數的資料當做母群體，就會呈常態分配，其平均數為 $\mu = \dfrac{N}{2}$，標準差（S.D.）為 $\sigma = \dfrac{\sqrt{N}}{2}$。

　　這時，倘若以 $z = \dfrac{10 - \mu}{\sigma}$ 計算出來的z值能夠讓不等式－1.96≤z≤＋1.96成立，就不拒絕這項N的假設（接受N），倘若不成立的話則拒絕。

圖表10-1 硬幣總枚數N的區間估計

N	z
12	2.309401
13	1.941451
14	1.603567
15	1.290994
16	1
17	0.727607
18	0.471405
19	0.229416
20	0
21	−0.21822
22	−0.4264
23	−0.62554
24	−0.8165
25	−1
26	−1.1767
27	−1.34715
28	−1.51186
29	−1.67126
30	−1.82574
31	−1.97566
32	−2.12132

◀── 不在－1.96 ≤ z ≤＋1.96 的範圍之內

＞ 位在－1.96 ≤ z ≤＋1.96的 範圍之內

可以推定N的95%信賴區間在13≤N≤30之間

◀── 不在－1.96 ≤ z ≤＋1.96 的範圍之內

第10講　區間估計　以測量溫度為例，找出命中率95％的信賴區間

105

這種檢定的方法不僅可針對16和36兩個數值來進行，對於所有可能的N值都能以此來實際檢驗，當去除掉拒絕的部分以後，留下的便是適合做為母群體N值的所有數值。答案可以用解二次不等式的方式求出，不過此處就直接提供用電腦計算軟體Excel所算出的結果，表列於圖表10-1。

看了圖表10-1就會發現，N在12枚以下時的z值無法讓不等式成立。另外，當N在31枚以上的時候，z值也讓不等式無法成立。因此，這些N值對母群體而言並不適切而必須拒絕。

所以說，殘存下來的N值在「$13 \leq N \leq 30$」之間，這就叫做「N的95%信賴區間」，是針對N值的區間估計結果。

歸納以上解說，可知：

投擲N枚硬幣得出10枚正面硬幣的時候，N的95%信賴區間即為$13 \leq N \leq 30$。

2 信賴區間的「95%」是什麼意義

多加了解「95%信賴區間」的「95%」這項機率的意義，在這裡是非常重要的。

以「95%預測命中區間」來說，其95%的意義的確在於「有95%的資料會包括在這個區間內」，因此認定下回觀測到的資料會有95%的機率位在此區間內，這樣的判斷完全正確。

不過，信賴區間的情況就不是如此了。其意義並不在於「觀測到10枚正面硬幣的時候，參數N會有95%的機率包含在$13 \leq N \leq 30$的範圍內」。

N這項數值從一開始就不是「今後會出現而未確實的東西」，而是「**已經確定但仍未知的東西**」。接下來只要再仔細看一次圖表10-1，就會明白**隨著N不同母群體也會相異**。

關於我們之前所處理的不確定現象，是要探問「從固定的母群體中會觀測到哪個資料」，此情況下在已定下的固有模式中所要得出的機率數值並非參數N，而是觀測到的數值，以現在的例子來比喻的話，就是指正面枚數「10枚」的這個部分。

若要解釋得更精確，則如以下所述：

我們暫且把注意力從觀測值10上移開，把觀測值當做未知數x。

在投擲N枚硬幣而出現x枚正面的情況下，從此項x值、$\mu = \frac{N}{2}$和$\sigma = \frac{\sqrt{N}}{2}$計算$z = \frac{10 - \mu}{\sigma}$。以預測命中區間而言，計算出來的z值能夠滿足不等式$-1.96 \leq z \leq +1.96$的機率為0.95。

換句話說，由觀測x值、從x值算出z值、再拒絕不適切的N值這一連串運算流程裡，真正正確的枚數N能夠存留下來的機率**對每一個觀測值x而言全都是0.95**。因此，不管觀測值x是什麼樣的數值（觀測值10為其中一例），如果用這方法重複進行估計N值的程序的話，**在這當中就會有95%的估計結果會成真**，這就是「95%信賴區間」中「95%」的正確解釋。

總而言之，95%信賴區間並非指在$13 \leq N \leq 30$的區間裡會包含所有正確的N的其中95%，而是**只要持續進行區間估計的計算而求得與觀測值對應的各種區間，那麼在100次估計結果當中的95次就能將正確的N值含括在所計算出來的區間內**。

3 已知標準差下對常態母群體的平均做區間估計

至目前為止所介紹的區間估計為了便於理解，而以硬幣為例做為入門基礎的說明，但對用於常態分配上的檢定和區間估計來說，硬幣其實是十分特殊的案例。因此在這一小節裡，就要以常態分配區間估計的立場來解說最為典型的例子。

典型的標準案例形式如下：

已知母群體為常態分配，並知道S.D.（σ）而不知平均數（μ），在此情況下試由觀測到的資料對 μ 做區間估計。

此處的假設「知道S.D.」看來很不自然，想必不少讀者都會有這種感覺。而要完全如上述所言知道常態分配、知道S.D.，卻只有平均數未知，這也可以說是不自然的情境。其實，在「S.D.也未知」、或是更進一步在「連資料呈常態分配也不知道」的環境中推論，才稱得上是真正的估計。當然，在這樣的情境下而能實際推論是本書的最終目標，不過在達到這樣的方法論之前還有很長的一段路要走。

回過頭來說，雖說我們多少會覺得這樣的假設不自然，不過以現階段的知識已經達到可以解決這種問題的程度。由於這種概念的基礎亦可通用於一般情況，因此在這裡預先看看此方法論也未嘗不好。接下來就以**應用題二**來做事先了解。

應用題二　溫度的測量

假設我們用準確度不太好的溫度計來測量液體的溫度。

測量到的資料是以實際的溫度 μ 為平均數，而呈標準差為5℃的常態分配。現量出溫度為20℃，試以95%信賴區間對實際的溫度做區間估計。

這正符合之前所說的案例形式：已知母群體呈常態分配及其S.D.，接著根據這些已知的部分從觀測到的資料來估計母群體的平均數。

先前雖然講過這是一種「不自然的假設」，但在上述這一類問題的情況來看，卻又不是那麼的奇特，因為我們已經知道**透過機械或目視得出的測量值資料是以實際數值為平均數，並且呈常態分配**。說起來歷來皆認為率先發現常態分配公式的數學家高斯，便是在執行天文臺所長勤務時，由調查天體觀測的觀測誤差才有所發現。

總而言之，當母群體是無數個觀測值資料的集合體時，其統計量的意義就會有如下對應：

平均數→實際數值

S.D.→測量的精確度

而知道測量用的機械自有其固定的精確度（即S.D.），這是相當理所當然的事情。

接下來，只要依圖表10-2的思考方式，就能對實際的溫度 μ 做區間估計。

圖表10-2 常態分配的平均數區間估計

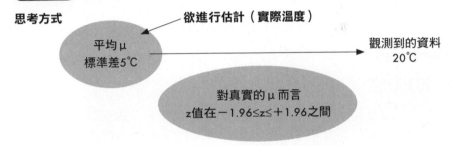

首先，把要估計的實際溫度（母群體的平均數）假設為 μ，而我們已經知道母群體的S.D.為 $\sigma = 5$。

因此，倘若以 z＝（x － μ）÷ σ 的算式為基礎，將觀測值20代入式中化為 $z = \dfrac{20 - \mu}{\sigma} = \dfrac{20 - \mu}{5}$，就可以將這裡的z值視為標準常態分配資料中正在觀測的其中一項資料。此時，在z值滿足「－1.96 ≤ z ≤ ＋1.96」的情況下，將 μ 值所屬的母群體當做「可能的母群體」而保留下來，這就是「區間估計」的思考模式。

解開這條不等式後，就會得出如下結論：

不拒絕 μ

→ **μ 值滿足** $-1.96 \leq \dfrac{20 - \mu}{5} \leq +1.96$

→ **μ 值滿足** $-9.8 \leq 20 - \mu \leq +9.8$（三邊都乘以 5）

→ **μ 值滿足** $-29.8 \leq -\mu \leq -10.2$（三邊都減去 20）

→ **μ 值滿足** $29.8 \geq \mu \geq 10.2$（三邊都乘以 -1，要記得改變不等號的方向）

　　透過以上解一次不等式的計算過程，可知我們不拒絕此「$10.2 \leq \mu \leq 29.8$」範圍中的 μ，而**將其視為母群體平均數 μ 的適當數值而予以保留**。

　　總地來說，**實際溫度 μ 的 95% 信賴區間為「$10.2 \leq \mu \leq 29.8$」**。

重點整理

① 所謂的**區間估計**，就是估計母群體參數的方法。先對母群體的參數進行各種可能假設，然後計算出各個假設下觀測資料的 **95% 預測命中區間，再看看實際觀測到的資料是否含括在這區間裡，最後將能夠含括的各參數假設都保留下來，而集合為一段區間**。以區間估計所定出的參數範圍，就叫做「**95% 信賴區間**」。

② 用區間估計所求出的**區間**，其實就是對所有參數實行第九講所介紹的「**檢定**」流程，並由**不被拒絕而留存下來的假設所構成的集合體**。

③ 當常態母群體中的標準差 σ 為已知的時候，對未知的平均數 μ 做區間估計的方法：
用觀測到的資料 x 解開與 μ 相關的一次不等式 $-1.96 \leq \dfrac{x - \mu}{\sigma} \leq +1.96$，再將算式化為「$* \leq \mu \leq *$」即可。

④ 所謂的 **95% 信賴區間**，就是對各種大小不一的觀測值用相同方法做區間估計後，在預估出來的區間當中有 **95% 含有正確的參數**。

練習題

已知檢查血壓的時候，會因檢查者的習慣和聽覺而讓結果產生某種程度的差異。

現在，假設在檢查血壓後測出自己的血壓為x，而x以實際的血壓 μ 為平均數，且呈標準差為6的常態分配。

這個時候，假如所量到的血壓為130，那麼你實際的血壓 μ 應該預估在哪個範圍內才好？試求它的95%信賴區間。

只要解開以下算式：

$$-1.96 \leq \frac{(\quad) - \mu}{(\quad)} \leq +1.96$$

$$(\quad) \leq (\quad) - \mu \leq (\quad)$$

$$(\quad) \leq \mu \leq (\quad)$$

就可得出 μ 的95%信賴區間。

※解答在第201頁

從觀測資料推測背後廣闊的世界

　　在第一部首先介紹了資料化約的方法，也就是擷取資料特徵的手法。其次介紹了資料化約的表現方式是透過次數分配表和直方圖等各類圖表、以及平均數和標準差（S.D.）等各項數值。之後還從直方圖、平均數、以及兩種運用標準差的方法上，來解說常態分配資料的分配特徵，並在應用方面針對常態母群體簡單說明「統計檢定」和「區間估計」的方法。不過第一部從資料處理的基礎到推論統計的基本概念都以快速衝刺為目標，以簡單易懂為優先，而欠缺完整說明，因此第二部將針對區間估計較詳盡地講解。這一部會談論得更為詳實，內容有點棘手，請做好心理準備。只要理解這些，就能延伸足跡到卡方分配和 t 分配的區間估計，觸及統計學最重要的部分。不過對於讀完第一部大略預告做好「預習」的讀者而言，如今的障礙已沒那麼高，可以安心閱讀下去。

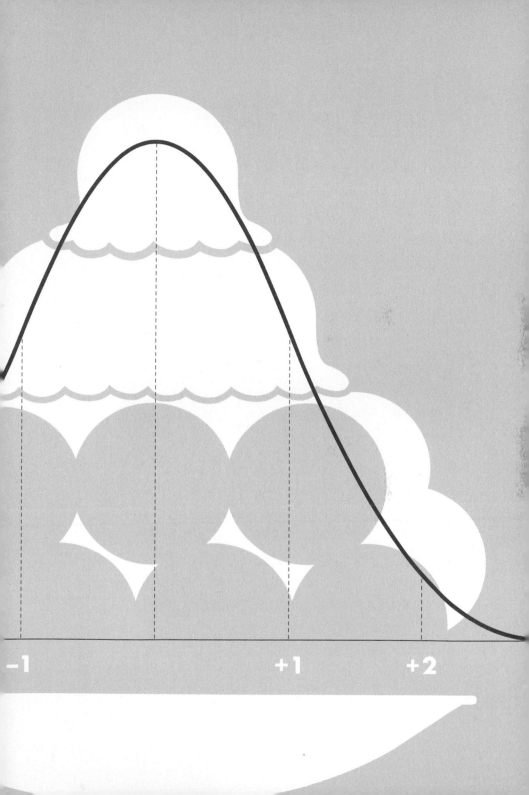

第11講

母群體和推論統計
由「部分」推論「整體」

◀1▶ 母群體是想像中的壺

在第一部裡已解釋過**母群體**的重要性，這裡就帶大家再回顧一次。

首先，我們會將同類型的不確定現象所衍生出的各種實際數字觀測下來成為資料。譬如說，同類的**蝴蝶**所量測出各種不同的身長數值，又例如擁有選舉權的人會各自投票給他們所支持的候選人。再舉例來看，丟擲出36枚硬幣以後，正面在上的枚數有可能在0枚到36枚之間，每一次丟擲得出的結果都各有不同。再舉一例，就好比同一家店每天的銷售量都會有所不同，如同日經平均股價（譯注）也是每天重複著漲跌變動。

在這裡請想像一個壺狀的容器，相同現象的資料都來自同一個壺當中，這個想像出來的壺叫做「**母群體**」。我們把蝴蝶身長的資料當做是來自裝滿蝴蝶身長數值的壺中，而店鋪銷售量的資料則來自於裝滿店鋪銷售量數值的壺中。

而在選舉的例子中，假如把這個壺直接想像成整間開票所，這樣就會比較容易了解。從開票所中的投票用紙裡抽出其中一張，觀測該選民投票

譯注：日本股市的代表性指標之一，由日經報社依據東京證交所第一類股中流通性高的股票所計算而來的股價指數。

114

給誰，就和從壺中取出資料是相同的意思。一場選舉中，所有的資料（包括了放棄投票的人）與具備投票資格者的數量為一致，由於數量是有限的，所以稱為「**有限母群體**」。

相對來說，想像一個如神明般的全知全能者把古今中外、無垠未來的所有蝴蝶身長都測量出來，再把測量結果寫在無數張紙片投進壺裡，進而產生無數個資料，這就稱為「**無限母群體**」。投擲硬幣的例子也是如此，把36枚硬幣丟擲無數次，並將每次擲出正面的枚數資料投入壺中，也就等於是把0到36這三十七種數字分別放了無數個在壺裡，這樣也是所謂的無限母群體。此外，店舖的銷售量和日經平均股價亦是如此，倘若假想交易會無數次地不斷進行下去，則這些例子必然也是屬於無限母群體。

考量到本書力求通俗，在此就不談有限母群體，只**單單探討無限母群體**。即使是提出選舉為例子時，也請暫且將它視為無限母群體。

推論統計的目的，就是要從這無限母群體中所獲得的若干資料，來對整個母群體進行某些推測，如同第一部所說，這就是所謂的「**從部分來推論整體**」。謹慎的讀者或許會感到不可思議，為什麼可以這樣做呢？

不過，如果細細回想日常生活的經驗，就會發現這樣的做法其實稀鬆平常。想必讀者對以下的例子不會陌生：當我們在煮味噌湯的時候，必須要判斷它的味道是否鹹淡適中，雖然喝完整鍋味噌湯就一定能夠吃得出來，但這樣就沒有先嘗味道的必要，因此只要從鍋中舀一匙來喝，覺得味道沒問題就可以了。這也就是**透過部分情況來判斷整體**的概念。

只要淺嘗一口，就能大致調出好味道，這是為什麼呢？沒錯，因為**只要充分攪拌，一匙的量就能反應整鍋湯的滋味**。

推論統計也是如此。只要從母群體這一想像中的壺裡所得到的資料不受人為任意操控，而能**忠實反應整個母群體情況**的話，就能和味噌湯的例子一樣，從部分來推斷整體。

不過就算只是替味噌湯調味，也必須預估各種情況可能出現，像是只嘗一口時覺得味道有點濃、或是覺得味道有點淡，但多喝幾碗或整鍋喝完後卻覺得也沒有那麼濃、或是那麼淡。也就是說，整鍋味噌湯的味道和調味時所嘗到的滋味，**必然會有稍微偏離的可能性**。推論統計的情況也是如此，我們對母群體的推論並無法分毫不差，必須要有接受些許落差的心理準備。

② 隨機抽樣與母體平均數

　　之前我們已把母群體想像成壺狀的容器。至於這壺裡究竟有些什麼，接著就來詳細地說明。

　　圖表 11-1 是無限母群體的一個例子。資料的數值只有①、⑤、⑨這三種，但各自放入壺中的數量為無窮無盡。

　　請想像看看這樣的畫面：壺中有三座池塘，分別是「游著無數數值①的水池」、「游著無數數值⑤的水池」，以及「游著無數數值⑨的水池」。

　　假設池塘大小不一，面積分別為 0.6、0.3 和 0.1（以後關於母群體中池塘面積的設定，都和現在一樣**總和一定等於1**），請各位考慮到由於水池的大小不一，因此**從母群體壺中出現各項資料的難易程度也不同**。在這一母群體中所觀測到的資料有可能會是①、⑤、⑨中的任何一個，而各項數值被觀測到的相對次數即等於池塘面積本身，也就是各為 0.6、0.3 和 0.1。

　　換言之，**數字①出現的容易程度是數字⑨的6倍，而數字⑤出現的容易程度是數字⑨的3倍**。

圖表11-1 母群體與隨機抽樣

母群體的結構（無限母群體）

這樣想像母群體！

↓

- 無數的數字在池中游泳

- 同樣的數字位在同一個池中游泳

- 每個池塘的面積不同（各池面積在小數點以下，總和為1）

- 從某個水池中釣到一個數字，拉出來當做資料（樣本）

- 從哪個池中釣到什麼數字的機會，會和池塘面積成正比

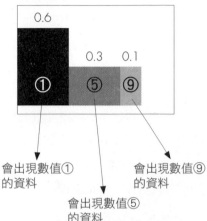

會出現數值①的資料

會出現數值⑤的資料

會出現數值⑨的資料

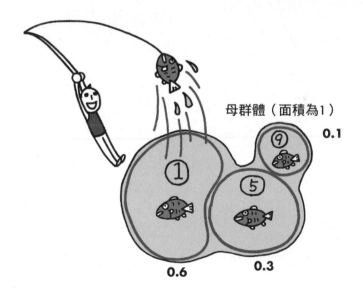

117

其實，為了要清楚說明這一點，就一定得用「機率」來呈現。也就是說，觀測出①、⑤和⑨的機率分別是 0.6、0.3 和 0.1，而每一次獨立試驗會出現什麼數值都依機率而定，也就是單次抽樣的結果不會在另一次抽樣中影響其他觀測值的出現（譯注）。

但正如第 0 講事先所提出的，本書要避開機率而只提資料的分配，因此為了避免只稍稍提及反而顯得敷衍而不清楚，所以這裡就直接略過機率不談。

若談到何謂「觀測值的相對次數是 0.6、0.3 和 0.1」，其意義在於「**假如從這個母群體中不斷反覆觀測所出現的資料，並且實際觀測的回數夠多的話，若將結果畫成直方圖，圖形就會呈現出和母群體本身幾乎一致的樣貌**」。換言之，**現實中觀測資料的相對次數會如實反應壺中的池塘大小**。這種假設就稱為「**隨機抽樣的假設**」（參見圖表 11-2）。

圖表11-2 隨機抽樣與觀測資料的直方圖

母群體

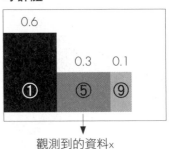

只要觀測大量的資料，就可以畫出與母群體極為相近的直方圖

如果抽取出幾近於無限多量的資料進行觀測，這些資料的相對次數會和池塘的面積幾乎一致，如此一來就能認定其與母群體的直方圖是相同的

觀測到的資料 x

觀測資料的直方圖

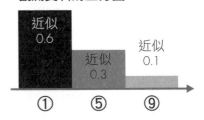

一旦運用此假設，就表示**只要觀測的回數夠多，就能清清楚楚地掌握母群體的狀態**。事實上機率論已經證明了這樣的假設在數學上的確為真，不過本書不會涉及於此。接下來我們的重心要放在**觀測回數不那麼多次的情況下來推測母群體的樣貌**。

首先，我們可以利用這一個假設來定義**母群體的平均數**，回顧一下第二講所解說的「從直方圖計算平均數」的方法吧！

由於**平均數＝（組中點×相對次數）的總和**，所以當我們觀測資料的回數夠多時，此母群體的平均數從直方圖來計算就會是：

平均數＝（1×0.6）＋（5×0.3）＋（9×0.1）＝3

而這道算式和以下公式的意義是一樣的：

（存在於母群體中的數值×此數值所在的池塘大小）的總和

這種母群體的平均數就稱為「**母體平均數**」，一般會以希臘字母 μ（讀做 Mu）來表示。

只要再看一次第二講的解說，就會明白藉由知道母體平均數 μ，我們能夠發現母群體的所有資料大致都分配在 μ 的周圍。也就是說，我們可以知道在母群體壺中游泳的資料大概位在怎麼樣的水準上。

不過，看看現在求出母體平均數的計算方式就會發現，若要能直接計算出母體平均數的話，就必須觀測出母群體的所有數值種類，並且要知道每座池塘的面積。為此，觀測的回數就一定要足夠，才能讓觀測資料的直方圖所呈現的分配十分正確地重現母群體分配的狀況。但實際上，除了選舉和國勢調查這類稀有的案例之外，一般幾乎不可能做到那麼完備。

因此對我們而言，必要的是**如何從為數不多的觀測資料中來估計母體平均數的辦法**。在第一部的最後已對此簡單說明過，而在第二部裡，還會進行更詳盡的講解。

譯注：機率論上的獨立是指某一事件的發生機率不受其他事件的結果所影響。例如第一次投擲硬幣時出現正面，但下一次擲出正面的機率仍然是二分之一。

重點整理

① 在無限母群體中，各項資料都存在無限多個數量，而各個數值能被觀測到的難易程度會各有差異。

② 所謂「隨機抽樣的假設」，就是假設倘若觀測的回數夠多，在將觀測資料繪製成直方圖後，就能重現母群體分配的情況。

③ 母群體的平均數 μ 稱為母體平均數，用以下方法計算：

$\mu =$（資料數值 × 相對次數）的總和

$\quad\;=$（資料數值 × 池塘大小）的總和

練習題

試探究以下母群體的狀況，依序完成下列問題：

數字（會出現的資料）	3	5	6	9
相對次數（池塘的面積＝抽中的機率）	0.3	0.3	0.2	0.2

① 求這個母群體的母體平均數，將各項數字與相對次數相乘後再加總。

數字	相對次數	數字×相對次數
3	0.3	
5	0.3	
6	0.2	
9	0.2	
	合計	

② 由此可知母體平均數 μ ＝（　　　）。

③ 接著從這個母群體中，抽取出幾近於無限數量的資料繪製成直方圖，填入下方的圖表中。

相對次數

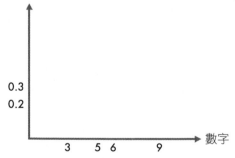

※解答在第202頁

母體變異數與母體標準差
表示母群體資料分散狀態的統計量

⬛1⬛ 知道資料分散的情況

在第十一講中我們定義了母體平均數，而這正是掌握母群體資料分配狀態的指標。母體平均數是將裝滿母群體這一假想壺裡的無限多個資料，以池塘的大小（＝資料的多寡、密度或測度）（譯注1）經過加權平均後所計算出的數值（譯注2）。另外，在實際觀測資料足夠多次並畫成直方圖後，母體平均數就會與「將資料的數值和相對次數相乘後再加總」所得來的答案大致相近（正確來說，是在觀測回數增加到極限的時候會相近）。

母體平均數為 μ，就意味著擠滿在母群體中大小不一的資料數值大致都圍繞在 μ 的附近。不過當資料數值「大小不一」時，若是不了解「不一」到什麼樣的程度（亦即**分散的狀況如何**），就無法掌握資料的實際分配情形，而造成不便，這在第一部亦有說明過。

譯注1：敘述統計上的測度是以一函數來標示整體資料的性質，相當於母體的參數及樣本的統計量。
譯注2：加權平均的計算法是將資料依其重要性乘以不同權數，經加總後再除以總權數。本例中的權數即池塘大小。

以此來說，不論是「**資料在 μ 的四周散布範圍有多廣**」、抑或是「和 μ 相距遙遠的資料，會在分散程度多廣的位置上出現」等等問題，能夠掌握這些答案的統計量就是標準差（S.D.）。

因此對於母群體來說，透過計算出其標準差，就能更加了解**母群體內的資料究竟擁擠成什麼樣子**。

這裡我們先來複習一下，在計算標準差的過程中會出現的「偏差」和「變異數」的概念。

首先來看各項資料所對應的偏差計算方式：

偏差＝資料的數值－平均數

換言之若以平均數為基準來看的話，資料就會各自轉換成正數或者負數。只要靠偏差就會知道，資料距離平均數有多遠或多近。用這種方式把各項資料轉換成偏差後，再將它們平方加總、然後除以資料數，就會得到變異數。

變異數＝偏差平方的總和÷資料數

而到了最後，把求得的變異數開根號，就會得到標準差。這就是對偏差計算「均方根」這種特殊擷取平均法的實際過程。

標準差＝$\sqrt{變異數}$

這項運算的流程是從次數分配表或者直方圖開始進行，也請回想一下以下曾經使用過的算式（參見第44頁）。

平均數＝（組中點×相對次數）的總和

偏差＝資料的數值－平均數

變異數＝（偏差平方×相對次數）的總和

標準差＝$\sqrt{變異數}$

2 母體變異數和母體標準差的計算

我們就把這母群體資料的標準差叫做「**母體標準差**」吧！坊間的統計學教科書上幾乎不用這個辭彙（譯注），不過為了便於說明，本書還是採用這一用語。而母體標準差是以 σ（希臘字母，讀做 Sigma）的符號來表示。

接著，我們將母群體的變異數稱為「**母體變異數**」，這就是廣泛使用的術語了。由於它是在開根號成為標準差之前的數字，因此寫成 σ^2 來表示。

在得知母群體的資料及其分配（各座池塘的大小）的情況下，就不難計算出母體變異數 σ^2 和母體標準差 σ。因為就如第十一講所述的「隨機抽樣的假設」，只要觀測的回數夠多並畫成直方圖，就能假定當中的「池塘面積」即是「相對次數」。

因此：

偏差＝資料的數值－母體平均數 μ

用上式對各項資料計算後，再用以下方式計算即可：

母體變異數 σ^2 ＝（偏差平方×池塘面積）的總和

母體標準差＝$\sqrt{母體變異數\ \sigma^2}$

我們就針對圖表 11-1 所列出的母群體來求它的母體變異數和母體標準差吧。

譯注：通常教科書會直接將母體的標準差簡稱為「標準差」，而樣本的標準差則以「樣本標準差」稱之，以示區別。

這個母群體就如圖表12-1所示，裡頭擠滿了三種資料①、⑤和⑨，池塘的大小（＝多寡、密度或測度）分別是0.6、 0.3和0.1。這時只要觀測資料的回數夠多，就能畫好直方圖。

母體平均數就如第十一講所計算的，答案為3。因此把各項資料的數值①、⑤和⑨減掉平均數的3，就會化為偏差－2、＋2和＋6。將偏差平方之後乘以相對次數再加總，結果就會變成：

母體變異數 $\sigma^2 = [(-2)^2 \times 0.6] + [(+2)^2 \times 0.3] + [(+6)^2 \times 0.1] = 7.2$

接著再將它開根號，就求得答案為：

母體標準差 $\sigma = \sqrt{7.2} = 2.68$

圖表12-1 母體變異數與母體標準差

母體變異數 σ^2 和母體標準差 σ 的求法

母群體的平均數 μ 為：
μ＝（資料的數值×相對次數）的總和
＝$(1 \times 0.6) + (5 \times 0.3) + (9 \times 0.1)$
＝3

母體變異數 σ^2
＝（偏差平方×相對次數）的總和
＝$[(-2)^2 \times 0.6] + [(+2)^2 \times 0.3]$
$+ [(+6)^2 \times 0.1]$
＝7.2

母體標準差 $\sigma = \sqrt{7.2} = 2.68$

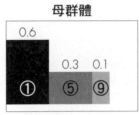

母群體

母體平均數 $\mu = 3$

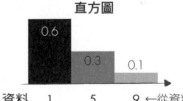

直方圖

資料	1	5	9	←從資料減去母體平均數3
偏差	－2	＋2	＋6	

重點整理

①用來**表示母群體資料分散狀況的統計量為「母體標準差」**。

②母體標準差是用下列運算過程來求得：

　　偏差＝**資料的數值－母體平均數 μ**

　　母體變異數 σ^2 ＝（偏差平方×池塘面積）的總和

　　母體標準差 $\sigma = \sqrt{\text{母體變異數 } \sigma^2}$

練習題

以下來練習如何算出母體變異數 σ^2 和母體標準差 σ。

試探究以下母群體的狀況，依序完成下列問題：

數字（會出現的資料）	11	9	4	1
相對次數（池塘的 面積＝抽中的機率）	0.3	0.3	0.2	0.2

① 首先求出這個母群體的母體平均數 μ。

數字	相對次數	數字×相對次數
11	0.3	
9	0.3	
4	0.2	
1	0.2	
	合計	

由此可知母體平均數 μ ＝（　　　）。

② 接下來求偏差，並把它平方後乘以相對次數再加總。

數字	偏差	偏差平方	相對次數	偏差平方× 相對次數
11			0.3	
9			0.3	
4			0.2	
1			0.2	

③ 由此可知母體變異數＝（　　　）。

　另外，母體標準差＝ $\sigma = \sqrt{(\qquad)}$ ＝（　　　）。

※解答在第202頁

樣本平均數的觀念
多項資料的平均數比起單項資料更趨近母體平均數

1 觀測到的單項資料所能透露的訊息

在推論統計當中，我們所要探究其實就是不確定現象的源頭——母群體。

假如可以知道母群體當中充滿什麼樣的數值、相對次數（＝池塘面積、密度或測度）又是如何，這麼一來就算無法分毫不差地說中接下來會觀測到什麼樣的數值，但至少能針對預測做出有效的準備。

然而在原理上，卻不可能確切知道母群體所有數值的分配狀態。的確，只要進行「隨機抽樣的假設」並且觀測的回數夠多，一切情況就會明朗，但實際上我們並無法對周遭的不確定現象進行那麼多次的觀測。

那麼來打個比方，如果在現實中觀測到一個資料 x，則從這個資料能看出什麼關於母群體的訊息呢？這時候，我們可以推估「母體平均數 μ 就位在這項 x 值的附近」，因為所謂的平均數就是從資料的分配中選出來代表全體的一個基點（也就是讓直方圖這個彌次郎兵衛玩偶能夠達到平衡的支點）。

接下來，假如因故而得知了母體標準差 σ，我們就可以更仔細地來推估母體平均數 μ。

請看看圖表13-1。就如第一部所言，通常大部分的資料都會位在從平均數算起兩個S.D.（標準差）的範圍內（參見第51頁），因此我們能夠籠統認定，資料 x 的落點是從 μ 算起 $\sigma \times 2$ 的距離之內。反過來說，亦可認定 μ 存在於從 x 算起 $\sigma \times 2$ 的範圍中。**當母群體為常態分配時，這樣的假設是相當強而有力的。**

在第一部中曾經提過，利用這個性質就能夠進行統計檢定和區間估計。另外，數學家早已證明即使不是針對常態分配，而是針對一般的分配，但只要把 $\sigma \times 2$ 改為 $\sigma \times k$ 並選擇適合的 k 值，這仍然是相當可靠的假設。具體來說，從 μ 算起相距 $\sigma \times k$ 以上的資料，一般只會占全體 $\frac{1}{k^2}$ 的比例以下，這叫做「**柴比雪夫不等式**」。

圖表13-1 已知母體標準差下的估計

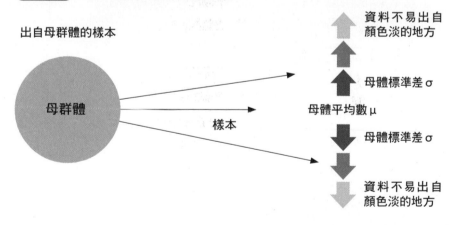

出自母群體的樣本

母群體

樣本

資料不易出自顏色淡的地方

母體標準差 σ

母體平均數 μ

母體標準差 σ

資料不易出自顏色淡的地方

2 計算樣本平均數

那麼，要是我們所觀測到的資料不只一個，而是有好幾個的話又是怎麼樣呢？

當然，就算一次掌握了好幾個資料，也無法因此重現母群體的分配，這是無庸置疑的。不過若是要推估母體平均數 μ，就能比只觀測到一個資料的情況還精確許多。

請回想一下，當我們在日常中觀測到多個相同現象的資料時，通常會有什麼樣的習慣。這種時候，一般我們總會將資料加總後除以觀測資料的數量n，來算出這些資料的算術平均數。

舉例來說，像是把好幾次的考試成績平均起來，測量體溫數次之後平均出結果，或是把好幾天分的每日銷售額加總後平均。

為了和母體平均數有所區別，我們將這類觀測資料的平均數稱為**樣本平均數**。

樣本平均數＝觀測資料的總和÷觀測資料的數量

具體的例子請見圖表13-2。

圖表13-2 樣本平均數

倘若從母群體中觀測到兩個資料，要怎麼處理呢？

把從母群體產生的樣本資料加總並除以資料的數量，
所得到的平均數值稱為**樣本平均數**。

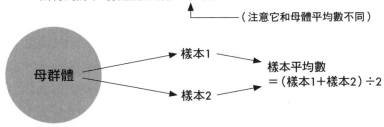

（注意它和母體平均數不同）

例：若（樣本1）＝5，（樣本2）＝11，則樣本平均數＝（5＋11）÷2＝8

接下來就要問了，為什麼要計算樣本平均數呢？這是為了要將偶然發生的資料散亂狀態消除掉，以求出與實際數值相近的值。

舉例來說，模擬考分數最重要的目的就是用來預測實際的入學考會得到幾分。然而每一次的模擬考會依據考試當時寫得順不順、運氣好不好，而影響獲得的分數。所以說，如果**把好幾次下來的模擬考成績平均起來，就能消去偶然的亂因**。體溫的測量和銷售額的估計也是同樣的道理。

事實上，這種樣本平均數的構想，在推論統計上有很大的效用。

接著我們就要利用將出現頻率理想化的「數學機率模型」來理解這一點。這個名詞看似難懂，但原理很簡單，它只不過是投擲骰子的模型。

圖表13-3 投擲骰子的樣本平均數

以投擲骰子為例，來看樣本平均數的性質

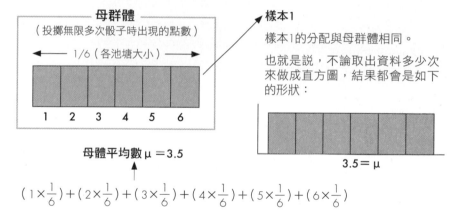

首先，圖表13-3的第一張圖代表了母群體，當中的內容是投擲骰子無限多次後的點數記錄。在理想的狀態下，可以將骰子六個面出現的機會視為均等，所以我們很自然地會認為池塘的大小（＝多寡、密度或測度）全都是六分之一。

因此，**母體平均數 μ** 就和圖解中的計算一樣，答案為 **3.5**。

接著，我們一次觀測兩個從這母群體中出現的資料，也就是把骰子投擲兩次所出現的結果**記錄為成對的點數**，看看會有什麼樣的差別。重複進行「記錄成對點數」的作業後，骰子的點數會出現像是「1和1」或「2和5」之類的數據，一共有36組，我們很容易可以想像到各組出現的機會都是均等的。將成對資料的算術平均數記錄下來，結果就如圖表13-4。

圖表13-4 投擲兩次骰子時，樣本平均數的記錄結果

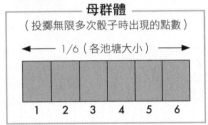

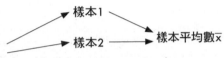

$\bar{x}$ 會以表中數字的出現次數為其比例。
例如，$\bar{x}=1.5$ 的相對次數為 $\frac{2}{36}$，$\bar{x}=3$ 則為 $\frac{5}{36}$。

兩次擲骰點數的樣本平均數$\bar{x}$

骰子的點數	1	2	3	4	5	6
1	1	1.5	2	2.5	3	3.5
2	1.5	2	2.5	3	3.5	4
3	2	2.5	3	3.5	4	4.5
4	2.5	3	3.5	4	4.5	5
5	3	3.5	4	4.5	5	5.5
6	3.5	4	4.5	5	5.5	6

這麼一來，成為算術平均數的數字就有 1、1.5、2、2.5、3、3.5、4、4.5、5、5.5、6 這共計十一種，但要注意的是**它們出現的次數並非是均等的**。

從圖表13-4可以看出，上例中算術平均數為2的機會比1高三倍、算術平均數為3.5的機會則比1高了六倍。將這些算術平均數描繪成直方圖

後，就成了圖表13-5。

　　樣本平均數通常以 x̄ 符號來表示，讀做 X-bar。接著請看看圖表 13-6，可以看見原本的母群體（或者也可以說經過觀測足夠多次出自於母群體的資料後所畫出的直方圖）由於每個資料都帶有同樣的相對次數（六分之一），所以圖表呈現出平坦的形狀，不過兩個樣本下的樣本平均數 x̄ 其直方圖則呈現山形，而且位在母體平均數 3.5 周圍的相對次數很高。

圖表13-5 擲兩次骰子的樣本平均數直方圖

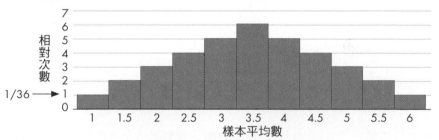

圖表13-6 投擲骰子的樣本平均數直方圖比較

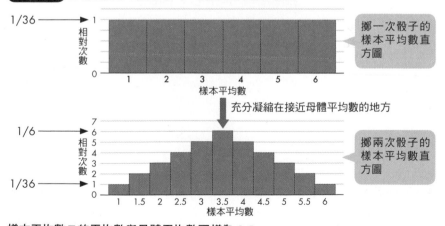

樣本平均數 x̄ 的平均數與母體平均數同樣為 3.5。
（因為平均數＝讓彌次郎兵衛玩偶達到平衡的支點。本例中的中央數值即為 3.5）

但是，位在平均數附近數值的相對次數會候地提高。

因此，比起只投擲一次骰子，**擲兩次骰子求其點數時的樣本平均數會更容易出現靠近母體平均數 3.5 的數值。**

事實上，這樣的性質不只適用於投擲骰子的母群體，而且在任何一個母群體上也都會成立。其特性可以用以下的數學定律來表述：

大數法則

　　當從一個母群體中觀測到 n 個資料，並求出其樣本平均數 $\bar{x}$ 時，n 要是愈大，樣本平均數就愈有可能接近母體平均數 μ。

總之，我們平時相當熟悉的樣本平均數運算技術，其實是一種能夠更正確推估母體平均數的適切手法，並且有數學定律做為理論的後盾。

重點整理

① 觀測到的資料可在某種程度上視其為接近母體平均數。

② 將觀測到的多個資料計算出平均數，這個數值叫做樣本平均數，以 $\bar{x}$ 來表示。

③ 觀測到多個資料並求出其樣本平均數後，這個數值會比單項資料更接近母體平均數。**觀測資料增加得愈多，樣本平均數接近母體平均數的可能性就愈高。**

④ **大數法則**：當從一個母群體中觀測到 n 個資料，並求出其樣本平均數時，n 要是愈大，樣本平均數就愈有可能接近母體平均數 μ。

練習題

試探究以下母群體的狀況，依序完成下列問題：

數字（會出現的資料）	1	2	3	4
相對次數（池塘的面積＝抽中的機率）	$0.25\left(\frac{1}{4}\right)$	$0.25\left(\frac{1}{4}\right)$	$0.25\left(\frac{1}{4}\right)$	$0.25\left(\frac{1}{4}\right)$

①將樣本平均數填入圖表空格中。

	1	**2**	**3**	**4**
1				
2				
3				
4				

②填入樣本平均數的相對次數表。

樣本平均數	1	1.5	2	2.5	3	3.5	4
相對次數	$\frac{}{16}$	$\frac{}{16}$	$\frac{}{16}$	$\frac{}{16}$	$\frac{}{16}$	$\frac{}{16}$	$\frac{}{16}$

③將樣本平均數的相對次數表製作成直方圖。

※解答在第202頁

第 **14** 講
樣本平均數的便利性
觀測資料增加，預言區間就變窄

1 常態分配樣本平均數的性質優良

　　在第十三講中已經解釋過，如果觀測多個資料求取樣本平均數記錄下來，並且重複這個步驟足夠多次，再畫出直方圖，則接近母體平均數 μ 的數值就會增加。也就是說，直方圖中接近母體平均數 μ 的部分會較為凸起。

　　觀測多次資料 x 後所求出的樣本平均數寫成 $\bar{x}$ 。而我們可以相信**樣本平均數 $\bar{x}$ 比起只觀測一次所得到的 x 數值，會更接近母體平均數 μ**，這一點在第十三講裡已經說明過。

　　這項發現所帶來的啟示為，只要利用第一部講過的區間估計以及樣本平均數這些工具，就可以進行精確度高的預測。然而像95%信賴區間這樣的區間估計，必須將猜錯的風險（此處為 $100 - 95 = 5\%$）明確估算清楚才行，而要讓猜錯的風險變得具體而明確，又必須正確得知母體的分配、以及從母群體分配資料中所求出的樣本平均數的資料分配狀態等等資訊才可以。

　　在一般的母群體下，假設就算早已知道母群體本身的分配狀態，不過由於樣本平均數的分配會變得與它有所不同，所以不適合依母群體分配狀況來進行估計。請再看一次圖表13-6，投擲骰子後所得點數的母群體資料

當中，1～6點的任何一個數值其相對次數都是一樣的，這以專業術語來說叫做**均勻分配**。但是，從兩個觀測資料所算出的樣本平均數 $\bar{x}$ 的直方圖形狀則為山形，**與母群體呈現出不同的分配型態。**

如果製作三個資料的樣本平均數直方圖的話，形狀就會變得更圓滑。由於在投擲骰子的母群體中，樣本平均數的分配、亦即直方圖的形狀會有所變化，因此很難把「估計錯誤的風險」維持在一定程度內。正確來說，雖然限定風險範圍並非完全不可能，但估算的方法已稱不上實用了（譯注）。

然而，我們已經知道有些種類的分配性質非常優良而不會產生這樣的不便，其中之一就是第一部曾經提過的常態分配。近似於常態分配的母群體叫做「**常態母群體**」，它具備了卓越的性質，**在常態母群體之下所求出的樣本平均數，其分配也仍然會呈現常態分配。**

要以數學方法完整證明這一性質，必須具備高度機率論和微積分的知識，而本書的目的在活用統計，因此不需要著墨在證明上面，請將這一性質視為已知的事實記在腦中，再往後看下去。若要更詳細解釋常態母群體目前所提的這一性質，則如下說明：

源自常態母群體的樣本平均數性質

假設一個常態母群體的母體平均數為 μ、母體標準差為 σ，而由從中觀測到的 n 個資料 x 所求出的樣本平均數 $\bar{x}$ ，其分配仍然會呈常態分配。

$\bar{x}$ 分配中的平均數和母群體一樣仍然是 μ，標準差則會變為 $\dfrac{\sigma}{\sqrt{n}}$ ，縮小為母群體標準差 σ 的 $\sqrt{n}$ 分之一。

譯注：由於樣本平均數的分配狀況會隨樣本數量而改變，必須每次依不同情況重新界定風險範圍，故而稱不上實用。

圖表14-1 常態母群體的樣本平均數分配

母群體為常態分配時

母群體的分配

樣本平均數的分配
（計算出各個樣本平均數
將其當做母群體所呈現的分配）

μ

μ

仍然維持常態分配不變，平均數和母體平均數相同，
只有散布的情況凝縮為母群體的 $\dfrac{1}{\sqrt{n}}$

以圖解來表示的話，就成了圖表 14-1。

此處要注意的是，樣本平均數 $\bar{x}$ 的標準差並不是從 n 個具體資料（樣本）計算而來，而是重複觀測 n 個資料無限多次，從中計算出無數個樣本平均數 $\bar{x}$，將它們畫成直方圖，再針對此所計算出來的。說起來，這種做法就像是將無數個樣本平均數 $\bar{x}$ 視為一個母群體，然後計算其母體變異數一樣。

相對之下，n 個具體資料（樣本）的標準差就只不過是以 n 個樣本為一組資料，來進行單純的計算而已（這會在第十六講以樣本變異數的形式出現）。

看了圖表 14-1 就會發現，在對常態分配的母群體求取樣本平均數後，直方圖的形狀會變得比鐘形更加「陡峭」，這意味著會有**更高的機率觀測到接近平均數的資料，而距離平均數遠的資料亦會更難以觀測到**。

在這裡為了避免與其他書籍內容相比較後產生混淆，因而附加說明。以n個資料所算出的樣本平均數 x̄，其分配的平均數會與母體平均數 μ 一致，標準差則等於母體標準差 σ 除以$\sqrt{n}$，而這樣的性質在任何一種分配的母群體中都會成立。要證明這一點也並不那麼困難，但本書在這個部分還是予以略過。不過，除了常態分配和一部分特例以外，「樣本平均數的分配會維持和母群體一樣的形狀」這個性質，則在大多數情況下都不會成立。

2 源自常態母群體的樣本平均數其95%預測命中區間

接著就來說明，在第一部所提到事先預測常態分配觀測資料的方法：

一般常態分配的95%預測命中區間

平均數為 μ、標準差（S.D.）為 σ 的常態分配，其95%預測命中區間在〔$\mu - (1.96\sigma)$〕以上、〔$\mu + (1.96\sigma)$〕以下。

若用這個定理來看常態母群體的情況，那麼只要**將觀測資料預測在從母體平均數 μ 算起相隔1.96倍母體標準差 σ 的範圍內**，就會有95%的機率能夠說中。

我們把這項定律升級為這樣的問題吧：「從常態母群體觀測n個資料的時候，可以**預測其樣本平均數**會落在哪個範圍內呢？」由於n個資料的樣本平均數分配當中，平均數會和母體平均數 μ 一樣沒有改變，而標準差會變為母體標準差 σ 的$\sqrt{n}$分之一，因此答案就會如下所述：

源自母體平均數為 μ、母體標準差為 σ 的常態母群體中的n個資料，其樣本平均數的95%預測命中區間會位在以下範圍內：

$$\left[\mu - \left(1.96\frac{\sigma}{\sqrt{n}}\right)\right] \text{ 以上、} \left[\mu + \left(1.96\frac{\sigma}{\sqrt{n}}\right)\right] \text{ 以下}$$

另外，為了便於進行區間估計，我們也用下列不等式的形式來表述：

源自母體平均數為 μ、母體標準差為 σ 的常態母群體中的 n 個資料，其樣本平均數的 95% 預測命中區間就位在解開下式後所求出的範圍內：

$$-1.96 \leq \frac{\bar{x} - \mu}{\frac{\sigma}{\sqrt{n}}} \leq +1.96$$

這條不等式的成立是利用「把呈常態分配的資料減掉母體平均數、除以標準差（S.D.）之後，就會化為標準常態分配資料」的性質（參見第七講）。

把以上的敘述用圖像表示後就成了圖表14-2。

圖表14-2 對常態母群體樣本平均數所定下的預測命中區間

針對常態母群體樣本平均數分配的一般定律

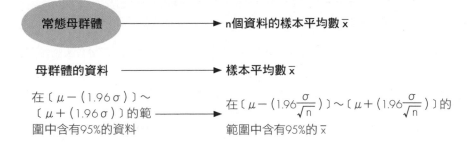

使用這條定律後，就可以如下例一樣地「預言」。

現在已知母群體為常態分配，其中母體平均數為200，母體標準差為10。

當我們欲從這個母群體中觀測單個資料時，可以用「這個數值會位在什麼樣的範圍之內」的形式來進行預測，並計算出200 －（1.96×10）＝ 180.4、以及200 ＋（1.96×10）＝ 219.6，然後預言**觀測資料會出現在180.4以上、219.6以下的範圍內**，如此就會有95%的機率能夠猜中。

　　另外，如果要從這個母群體中觀測4個資料並求其樣本平均數時，以這個樣本平均數的數值「會位在什麼樣的範圍之內」的形式來進行預測，可以計算出 $200 - (1.96 \times (10 \div \sqrt{4})) = 190.2$、以及 $200 + (1.96 \times (10 \div \sqrt{4})) = 209.8$，然後預測**這4個觀測資料的樣本平均數會出現在190.2以上、209.8以下範圍內**的話，就會有95%的機率猜中。

　　再者，要是從這個母群體中觀測16個資料並求其樣本平均數時，以這個樣本平均數的數值「會位在什麼樣的範圍之內」的形式來進行預測，可以計算出 $200 - (1.96 \times (10 \div \sqrt{16})) = 195.1$、以及 $200 + (1.96 \times (10 \div \sqrt{16})) = 204.9$，然後預測**這16個觀測資料的樣本平均數會出現在195.1以上、204.9以下範圍內**的話，就會有95%的機率猜中。

　　請比較一下這三個例子，可以看出隨著1個、4個、16個如此**用來計算樣本平均數的資料個數增加得愈多，預測區間的範圍也變得愈來愈狹窄**。換句話說，用來求樣本平均數的觀測資料個數愈多，就可以創造出精確度愈高的預測，預言出高度準確而令人吃驚的結果。這就是利用樣本平均數來求取預測區間的優勢。

重點整理

① 源自常態母群體的樣本平均數性質

假設一個常態母群體的母體平均數為 μ、母體標準差為 σ，而由從中觀測到的 n 個資料 x 所求得的樣本平均數 $\bar{x}$（將這些複數的 $\bar{x}$ 視為另一個母群體），其分配仍然會呈常態分配。

$\bar{x}$ 分配中的平均數和母群體一樣仍然是 μ，標準差則變為 $\frac{\sigma}{\sqrt{n}}$，縮小為母群體的 $\sqrt{n}$ 分之一。

② 源自常態母群體的樣本平均數的95%預測命中區間

源自母體平均數為 μ、母體標準差為 σ 的常態母群體中的 n 個資料，其樣本平均數 的95%預測命中區間會位在以下範圍內：

$〔\mu-(1.96\frac{\sigma}{\sqrt{n}})〕$ 以上、$〔\mu+(1.96\frac{\sigma}{\sqrt{n}})〕$ 以下

③ 源自常態母群體的樣本平均數的95%預測命中區間：以不等式表示

源自母體平均數為 μ、母體標準差為 σ 的常態母群體中的 n 個資料，其樣本平均數 $\bar{x}$ 的95%預測命中區間就位在解開下式後所求出的範圍內：

$$-1.96 \leq \frac{\bar{x}-\mu}{\frac{\sigma}{\sqrt{n}}} \leq +1.96$$

練習題

假設母群體為所有日本成年女性的身高資料。

這一母群體的母體平均數為160公分，而母體標準差為10公分。

①如果要從這個母群體中取出單項資料進行預測，並希望能有95%的
機率猜中，那麼只要預測結果是位在（　　　）－〔1.96×（　　　）〕～
（　　　）＋〔1.96×（　　　）〕當中，也就是在（　　　）～（　　　）
之間即可。

②從這個母群體取出4個資料，求出樣本平均數。

如果對樣本平均數進行預測，並希望有95%的機率猜中，那麼只要
預測結果是位在（　　　）－〔1.96×（　　　）〕～（　　　）＋〔1.96×
（　　　）〕當中，也就是在（　　　）～（　　　）之間即可。

③從這個母群體取出25個資料，求出樣本平均數。

如果對樣本平均數進行預測，並希望有95%的機率猜中，那麼只要
預測結果是位在（　　　）－〔1.96×（　　　）〕～（　　　）＋〔1.96×
（　　　）〕當中，也就是在（　　　）～（　　　）之間即可。

※解答在第203頁

第**15**講
用到樣本平均數的
母體平均數區間估計
已知母體變異數時，常態母群體
的母體平均數為何

① 估計母體平均數和母體變異數

　　當我們想要了解某種特定的不確定現象時，多半只需知道其母群體的母體平均數和母體變異數（或母體標準差）就可以了。這一點要從第一部解說的例子開始回顧。

　　用溫度計測量液體溫度的時候，一定會伴隨誤差，所以現實中的測量結果不能直接當做實際液體的溫度。不過我們已經知道，計測值是以實際溫度為平均數並帶有一定標準差（S.D.）的常態分配，因此若從母群體這樣的概念來探討，假設所有的計測值集結成為一個無限母群體，則其中的母體平均數就等同於實際溫度。也就是說，當我們要**從現實中的計測值來估計真正的實際溫度時，可以由估計常態母群體的母體平均數得到答案**。

　　另外，在替住宅案打廣告的例子中，若從洽詢人數來估計實際看屋人數的話（參見第九講第二節），會得到什麼結果呢？在這個案例裡頭，是以經驗法則來假設想看房子的人當中會有二分之一先打電話洽詢。

　　因此，倘若假設實際要看屋的人數為 N，就可以將母群體想做是「同時投擲 N 個硬幣無限多次後，擲出正面枚數的資料所形成的資料集合體」，因此可將這個母群體視為近似於母體平均數為 $\frac{N}{2}$、母體標準差為 $\frac{\sqrt{N}}{2}$ 的常態母群體。

144

這麼一來，只要能估計出母體平均數，則它的兩倍大數值就是想看屋人數N的估計值。或者，如果能夠估計出母體標準差的話，由於它的算式為 $\frac{\sqrt{N}}{2}$，因此只要將母體標準差的估計值乘以兩倍再予以平方，就能求出N的估計值。

由以上例子可知，**想要知道某個特定不確定現象的本來性質時，可以由推估常態母群體的母體平均數或者母體標準差來進行代換。**

接下來，要說明的是當已知常態母群體的母體變異數時，要為其母體平均數做區間估計的方法。這其實是將第一部最後所提到的概念，升級為利用樣本平均數來進行估計的方法，雖然前述已經粗略介紹過，但這裡則要針對「為什麼要假設母群體的母體變異數為已知」這一點再度說明。

所謂最理想的估計方式，說起來當然是在尚未得知母群體分配情形的狀況下進行預估。雖然實際來說這並非完全不可能，但無論是誰都會直覺認定這在原理上辦不到，因為沒有任何的資訊。不過就算如此，還是有方法可用。

其中一個方法是，**只要擷取大量的資料，那麼不論母群體是哪一種分配，就能夠運用樣本平均數接近常態分配的性質來進行估計**（此性質稱為中央極限定理）。這方法叫做「**大樣本估計**」。

而另一個辦法就是利用「**無母數統計法**」，**這種方法並不會對與分配有關的部分進行假設**。由於本書用不到這些概念，想了解的話可以去翻閱專業書籍。

撇開這個部分不談，最自然也最實用的估算狀況是「**已知為常態母群體、但不知母體平均數和母體變異數下來進行估計**」。這是本書的最終目標，但為了進行這種運算，不單要利用樣本平均數，還必須運用樣本變異數的分配，而且這種情況不能以常態分配的知識來處理，必須結合卡方分配和 t 分配等目前尚未提過的新分配原理。因此從下一講起，就要開始解說這些新觀念，按照以下的步驟一步步向前邁進。

- 本講（第十五講）的目標為「在已知為常態母群體且知道母體變異數之下，估計母體平均數」。
- 第十七講的目標為「在已知為常態母群體且知道母體平均數之下，估計母體變異數」。
- 第十九講的目標為「在已知為常態母群體且未知母體平均數之下，估計母體變異數」。
- 第二十一講的目標為「在已知為常態母群體且未知母體變異數之下，估計母體平均數」。

　　第二十一講會說明前述所言「最自然也最實用」的估算方法，不過這是最後的目的地，在此之前要依照章節循序漸進地理解。

　　接下來就以「在已知為常態母群體且知道母體變異數之下，估計母體平均數」為第一步進行解說。

② 用到樣本平均數的母體平均數區間估計

　　那麼，接著就講解從樣本平均數估計母群體中母體平均數的方法。請複習一下第一部第十講第三節所說明「從單項觀測資料估計平均數」的內容。

　　在此以具體案例說明。

應用題

　　有一台便利商店的御飯糰自動製造機，可多段式調節御飯糰的重量，但因為是機器的關係，調節的重量多少會產生誤差。

　　在此把所有製作出來的御飯糰重量當做母群體，並假設已經知道它呈常態分配，而母體標準差為10公克。現用該機器做出25個御飯糰，計測出其重量的樣本平均數為80公克。

　　試以95%信賴區間對所有製作出來的御飯糰重量的母體平均數做區間估計。

解答與解說

從這個母群體觀測到25個資料、也就是製作25個御飯糰並測量其重量時，其樣本平均數 $\bar{x}$ 屬於常態分配，並以母體平均數 μ（未知）為平均數，把已知的母體標準差10除以 $\sqrt{25}$，以答案 $\frac{\sigma}{\sqrt{25}} = \frac{10}{5} = 2$ 做為標準差。

因此，假設在觀測25個資料之前要先預測它的樣本平均數，那麼只要預測結果能滿足下列不等式並落在所計算出的 $\bar{x}$ 的範圍之內，這項預言就會有95%的機率猜中：

$$-1.96 \leq \frac{\bar{x} - \mu}{2} \leq +1.96$$

在區間估計中反向來思考的話，意思就是如果計算出來的 μ，不能將實際觀測到的樣本平均數80公克這個數值包含在其範圍內，這個 μ 就不可能是現實中母群體的母體平均數，而應予以拒絕。

所以，必須將實際的觀測值80代入為不等式中的 $\bar{x}$，並且母體平均數 μ 滿足以下的不等式，才能不必拒絕計算的結果而予以保留：

$$-1.96 \leq \frac{80 - \mu}{2} \leq +1.96$$

把三邊都乘以2：

$$-1.96 \times 2 \leq 80 - \mu \leq +1.96 \times 2$$

把三邊都加上 μ：

$$\mu - (1.96 \times 2) \leq 80 \leq \mu + (1.96 \times 2)$$

解開左側的不等式：

$\mu \leq 80 + (1.96 \times 2)$，**由此可知** $\mu \leq 83.92$

解開右側的不等式：

$80 - (1.96 \times 2) \leq \mu$，**由此可知** $76.08 \leq \mu$

結論為：

$$76.08 \leq \mu \leq 83.92$$

這段母體平均數 μ 範圍的計算結果不予以拒絕而保留下來，意思就是此即為母體平均數 μ 的區間估計結果，亦即「**母體平均數 μ 的95%信賴區間**」。

接下來把以上用具體案例進行解說的運算流程做個總結。

假設已知母群體為常態分配，而我們也清楚它的母體標準差 σ 數值為何。現在從這個母群體中觀測到了n個資料，這些資料用x_1、$x_2 \cdots x_n$的形式來表示。

這個時候：

① 觀測n個資料並計算樣本平均數 $\bar{x}$，重複這樣的作業多次以後，$\bar{x}$ 的分配中的平均數就會變成與母體平均數一樣為 μ，並且 $\bar{x}$ 的S.D.則會縮小為母群體S.D.的 $\sqrt{n}$ 分之一，變成 $\dfrac{\sigma}{\sqrt{n}}$。

② 因此，要是想在觀測資料之前先預測出能夠涵蓋這n個資料的樣本平均數範圍，那麼這段範圍就在從平均數算起有1.96倍S.D.的距離以下。解開下列這道蘊含上述意義的不等式，將求到的「$\bar{x}$ 的範圍」做為預測結果，就能創造出有95%機率可望成真的預言。

$$-1.96 \leq \frac{\bar{x} - \mu}{\dfrac{\sigma}{\sqrt{n}}} \leq +1.96 \quad \cdots ❶$$

③ 從在現實中觀測到的資料反過來估計母群體的母體平均數 μ 時，所預測出的母體平均數 μ 的範圍必須能夠涵蓋現實中觀測到的樣本平均數 $\bar{x}$，才可當做適切的資料留下來，而其它 μ 的母群體則須予以拒絕。

④ 在❶的不等式中，由於已經知道了 σ 和n，而 $\bar{x}$ 也從觀測資料計算了出來，因此只需留下能讓這道不等式成立的 μ 做為適切的母體平均數估計值即可（參見圖表15-1）。

⑤ 若要實際進行④的運算作業，其過程如下：

把❶式的三邊都乘以 $\dfrac{\sigma}{\sqrt{n}}$：

$$-1.96 \times \dfrac{\sigma}{\sqrt{n}} \leq \bar{x} - \mu \leq +1.96 \times \dfrac{\sigma}{\sqrt{n}}$$

把三邊都加上 μ：

$$\mu - (1.96 \times \dfrac{\sigma}{\sqrt{n}}) \leq \bar{x} \leq \mu + (1.96 \times \dfrac{\sigma}{\sqrt{n}})$$

左側的不等式兩邊都加上 $1.96 \times \dfrac{\sigma}{\sqrt{n}}$：

$$\mu \leq \bar{x} + (1.96 \times \dfrac{\sigma}{\sqrt{n}})$$

右側的不等式兩邊都加上 $-1.96 \times \dfrac{\sigma}{\sqrt{n}}$：

$$\bar{x} - (1.96 \dfrac{\sigma}{\sqrt{n}}) \leq \mu$$

組合這兩個式子後：

$$\bar{x} - (1.96 \times \dfrac{\sigma}{\sqrt{n}}) \leq \mu \leq \bar{x} + (1.96 \times \dfrac{\sigma}{\sqrt{n}}) \qquad \cdots❷$$

❷ 這個式子的範圍即為「**母體平均數 μ 的 95% 信賴區間**」，
求出這個區間的過程則稱為**母體平均數的區間估計**。

母體平均數的區間估計

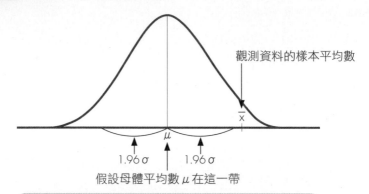

觀測資料的樣本平均數

$\overline{x}$

1.96 σ   1.96 σ

假設母體平均數 μ 在這一帶

判定 μ 不可能在這裡，於是捨棄這樣的 μ

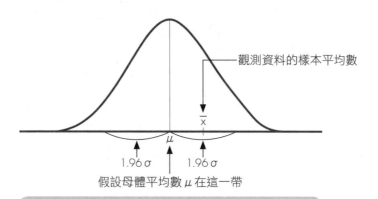

觀測資料的樣本平均數

$\overline{x}$

1.96 σ   1.96 σ

假設母體平均數 μ 在這一帶

判定 μ 有可能在這裡，留下這樣的 μ

重點整理

① 在常態母群體下，已知母體標準差為 σ（母體變異數為 σ^2）的時候，先計算出樣本平均數 $\bar{x}$，再將能夠滿足下式的 μ 保留不予拒絕，就能從 n 個樣本來估計出母體平均數 μ：

$$-1.96 \leq \frac{\bar{x} - \mu}{\frac{\sigma}{\sqrt{n}}} \leq +1.96$$

② 這時，μ 的 95% 信賴區間為：

$$\bar{x} - \left(1.96 \times \frac{\sigma}{\sqrt{n}}\right) \leq \mu \leq \bar{x} + \left(1.96 \times \frac{\sigma}{\sqrt{n}}\right)$$

練習題

有個人要測量自己的血壓。

把這個人的血壓計測值當做母群體,以現在實際的血壓 μ 做為母體平均數,並假設資料呈母體標準差為10的常態分配。

① 這個人只量了一次血壓,計測值為130。試在此刻對實際的血壓(＝母體平均數 μ)做區間估計。

　　對此,只需求出滿足以下不等式的 μ 範圍即可。

$$-1.96 \leq \frac{(\quad) - \mu}{(\quad)} \leq +1.96$$

　　解開這道算式後,95%信賴區間即為:

　　$(\quad) \leq \mu \leq (\quad)$

② 接著,假設在量了四次血壓之後,得到以下這四個資料:

　　131　135　140　138

　　這四個資料的樣本平均數 $\bar{x} = (\quad)$。

　　而 $\bar{x}$ 的標準差為 $10 \div (\quad) = (\quad)$。

　　這時,只需求出滿足以下不等式的 μ 範圍,就能對實際的血壓 μ 做區間估計。

$$-1.96 \leq \frac{(\quad) - \mu}{(\quad)} \leq +1.96$$

　　解開這道算式後,95%信賴區間即為:

　　$(\quad) \leq \mu \leq (\quad)$

※解答在第203頁

第16講

卡方分配登場
樣本變異數的求法與卡方分配

1 樣本變異數的求法

到第二部的第十五講為止，關於估計都以樣本平均數為中心來探討。所謂的樣本平均數，就是從母群體觀測到的 n 個資料計算而來的平均數，從其「能對常態母群體的母體平均數做區間估計」這層意義來看的話，樣本平均數可以說是一種能夠**反映母體平均數**的統計量。

把觀測到的資料做資料化約所求得的統計量之中，還有一個重要的數值，那就是在第一部裡竭力解說的**標準差（S.D.）**。

S.D.是由從常態母群體觀測到的 n 個資料所計算而來，這種統計量具備什麼樣的性質、是不是能夠用以反映出母體標準差呢？本講要回答的就是這些問題。

不過，**接下來要處理的並不是觀測資料的標準差（S.D.），而是開根號前的變異數**，原因在於變異數在數學上比 S.D. 要好用許多。

從觀測資料（樣本）計算出來的變異數，就叫做「**樣本變異數**」，計算步驟如下：

第一步　首先計算樣本平均數。

第二步　接著將各個樣本減掉樣本平均數，算出偏差。

第三步　將各個偏差平方後加總，再除以樣本的數量。

154

以此步驟計算而來的樣本變異數以s^2的符號來表示，而母體變異數則是寫做σ^2，兩者在符號上有所差異。

將上列步驟寫成算式即為：

$$\text{樣本變異數}\, s^2 = \frac{\left[(\text{偏差}1)^2 + (\text{偏差}2)^2 + \cdots + (\text{偏差}n)^2\right]}{n}$$

附帶一提，將上式開根號後就可以得出S.D.。

這裡要事先說明一件事。許多統計學教科書在計算樣本變異數s^2時，除數並非為樣本數量n，而是以n－1來除。這樣做是出於機率論上的某種理由，但本書已將機率論割愛，在估計時不會產生技術性問題，故採用以n來除的定義。

在樣本數為兩個的情況下，計算方式就如圖表16-1所歸納整理，供為參考。

圖表16-1 樣本變異數的計算

求取來自於常態母群體的樣本（資料）偏差，將它們平方再平均之後得出的答案，就稱為**樣本變異數**。

（注意它和母體變異數不同）

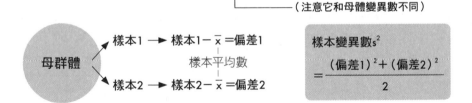

抽樣自常態母群體的資料會依據常態分配的相對次數出現各種大小不一的數值，亦即可以用鐘形圖所表示的相對次數來觀測資料會怎麼出現。只要將出現的n個資料計算出其樣本變異數，並不斷重複這樣的作業，所得到的各個樣本變異數也會呈現各種大小不一的數值。

那麼，這些樣本變異數會呈現什麼樣的分配呢？以樣本平均數來說，它會呈常態分配，並且其平均數會和母體平均數一樣都是 μ，標準差則是母體標準差 σ 的 $\sqrt{n}$ 分之一。但樣本變異數也會是這樣嗎？

雖然樣本變異數的分配也能夠反映母體變異數的情況，但可惜的是它並不是常態分配。只要看了以下敘述就能輕易發現，它不可能是常態分配。讓我們再看一次剛才的公式：

樣本變異數 $s^2 = \dfrac{〔(\text{偏差}1)^2 + (\text{偏差}2)^2 + \cdots + (\text{偏差}n)^2〕}{n}$

由於這道算式是**先平方再加總，所以樣本變異數絕對不會是負數。**

而所謂的常態分配會出現所有的數值，其中當然也包含了負數，由此可見從常態母群體的樣本計算出來的樣本變異數絕對不會是常態分配。

② 什麼是卡方分配

那麼，樣本變異數是呈怎麼樣的分配呢？這一點現在還無法馬上說明，必須稍微兜個圈子。我們就暫且離開樣本變異數的話題，先引介下面這種全新的統計量吧！

在樣本變異數的算式中，我們現在只需特別注意「平方和」這個形式，此外也要將母群體的常態分配限定為標準常態分配。而**接下來要分析的統計量，則是出自於呈標準常態分配的母群體中的n個資料平方和。**

現在想像一下這樣的統計量：有一母群體呈標準常態分配（平均為0，標準差為1的常態分配），我們從這種**標準常態母群體**中觀測到3個資料，並把這些資料平方後再加總。

具體來說的話，就是將觀測資料（樣本）x_1、x_2和x_3用下式來計算，以求出V值：

$$V = x_1{}^2 + x_2{}^2 + x_3{}^2$$

例如說，假設觀測到的3個資料是＋1、＋3和－2，式子就變成V＝（＋1）^{2}＋（＋3）^{2}＋（－2）^{2}＝14。V值和平均數一樣都是統計量的一種，由於x_1、x_2和x_3為樣本，每一次觀測時都會擷取出形形色色的數值，使得每次求出的V值也會大小不一。

接著，將這項V值的分配繪製成直方圖，就成了圖表16-2。

圖表16-2 自由度3的卡方分配

$V = x_1{}^2 + x_2{}^2 + x_3{}^2$ 的分配就像這樣

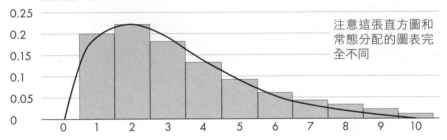

自由度3的卡方分配

注意這張直方圖和常態分配的圖表完全不同

為了便於讀者了解，圖表16-2裡也畫出了柱狀的示意圖，但由於卡方分配中不管數字多麼零碎的資料都有機會出現，所以真正的分配狀態要看那條黑色曲線。

看著這張直方圖就會發現，V值的分配只限於0以上的數值，許多資料都聚集在較靠近0的地方，圖表呈現從左到右急遽下滑的狀態，就像是雲霄飛車軌道的形狀一樣。這種分配就叫做「**自由度3的卡方分配**」。

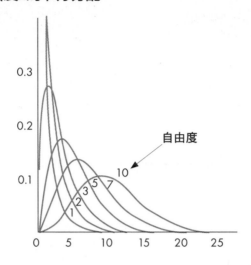

圖表16-3 自由度n的卡方分配

　　「**自由度**」是專業術語，本書不會深入探討，而它**在這裡的意義是代表「觀測資料的數量」**，也就是「用多少個資料求出平方和」的意思。同樣的，要是從標準常態母群體觀測到的不是3個資料，而是觀測到n個資料，將它們平方再加總求得統計量V後，V的分配就稱為「**自由度n的卡方分配**」。V的分配會隨自由度n而改變形狀，圖表16-3是各種分配形狀的比較（雖然圖表的形狀有所改變，不過用來代表它們的都是同一種函數，故一律稱為卡方分配）。

　　卡方分配的特徵為：

①**靠近0的資料，其相對次數會大幅上升。**換句話說，直方圖為雲霄飛車軌道的形狀。這個現象反映出了在常態分配中靠近0的數值（包括負數），其相對次數會較大的情況。

②**隨著自由度n（觀測資料數）變得愈大，山的高度會愈來愈低並逐漸往右側移動，**雲霄飛車軌道的傾斜程度會漸趨緩和。這代表在n變大之後，距離0稍微遠一點的資料其相對次數會增加。

圖表16-4 V呈自由度n的卡方分配

源自常態母群體的樣本變異數
關於其分配的一般定律

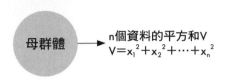

母群體 → n個資料的平方和V
$V = x_1^2 + x_2^2 + \cdots + x_n^2$

母群體的分配 → V的分配
標準常態分配　　自由度n的卡方分配

圖表16-5 自由度3的卡方分配

V	數值為x以上的相對次數
0	1
1	0.8012
2	0.5724
3	0.3916
4	0.2614
5	0.1717
6	0.1116
7	0.0718
8	0.0460
9	0.0292
10	0.0185

統整以上事實，就會得出如下結論（亦可參照圖表16-4）：

呈自由度n卡方分配的V值

　　將源自標準常態母群體的n個樣本x_1、$x_2 \cdots x_n$，用以下公式求出統計量V，此V值會呈自由度n的卡方分配：

$$V = x_1^2 + x_2^2 + \cdots + x_n^2$$

　　當資料呈卡方分配的情況下，各項數值會出現什麼樣的相對次數呢？數學家已經為此整理出了表格。

　　舉例來說，圖表16-5是自由度3的卡方分配相對次數表。解讀這張圖表的方法如下：4的這一行寫著0.2614，代表4以上的數值出現的相對次數約為0.2614。換句話說，在自由度3的卡方分配資料中，**4以上的數值約占了全體的26.14%**。

　　就如以上所言，**寫在V旁邊那一欄的數值，代表的是「數值為x以上的資料占了全體多大比例」**的意思（一般在卡方分配中，經常會提供這種形式的圖表）。仔細看看圖表16-5中10的這一行，會發現數值10以上的資料在自由度3的卡方分配裡，其相對次數只不過占了整體的1.8%，由此

可以確定，卡方分配的資料大部分都只集中在0的附近。

那麼，我們終於明白在一開始所提到**樣本變異數也呈卡方分配**這一件事，不過若要將這個概念解釋得更明確，還必須再進一步了解卡方分配，這部分就留待第十八講來講解。

圖表16-5代表了「在觀測自由度3的卡方分配資料時，**所觀測到的資料在 x 以上的相對次數**」。對於從標準常態分配母群體中所觀測到的資料（樣本）x_1、x_2 和 x_3，可用 $V = x_1^2 + x_2^2 + x_3^2$ 的公式計算出統計量V，這時V會呈自由度3的卡方分配，圖表16-5即是列出V值對應於給定值x時，也就是「$V \geq x$」時的相對次數。

在這一講的最後為了實際體會卡方分配的意義，請試著解出以下簡單的應用題。

應用題

針對標準常態分配的母群體進行3次觀測。此時若提出一項預測為：「觀測到的3個數值其平方和會在3以上，未滿6」，那麼這項預測會有多高的機率能夠成真呢？試利用圖表16-5求出解答。

解答

從圖表中可知 x＝3 這一行對應到的數字為「0.3916」，代表了「$V \geq 3$」時的相對次數，也就是說V值在3以上時的相對次數為0.3916。同樣地，x＝6對應到了數字「0.1116」，這是當滿足「$V \geq 6$」條件時的V值相對次數。

因此，把前者減掉後者的話，就可以求出「$6 > V \geq 3$」的相對次數，答案是0.3916－0.1116＝0.28。這代表了計算V值以後，V的答案在「**3以上、未滿6**」的機會占了整體的28%。也就是說，當我們預測「V在3以上、未滿6」的時候，**預測成真的機率即為28%**。

重點整理

① 從觀測資料（樣本）7計算出來的變異數，就叫做「樣本變異數」。

② 計算樣本變異數 s^2 的步驟如下：

第一步 一開始先計算出樣本平均數。

第二步 接著將各個樣本減掉樣本平均數，算出偏差。

第三步 將各個偏差平方後加總，再除以樣本的數量。

寫成算式即為：

$$樣本變異數\ s^2 = \frac{（偏差1）^2 + （偏差2）^2 + \cdots + （偏差n）^2}{n}$$

③ V值呈自由度n的卡方分配

計算方法如下列公式，將源自標準常態母群體的n個樣本 x_1、$x_2 \cdots x_n$ 平方後加總，就可以求出統計量V，並且V會呈自由度n的卡方分配：

$$V = x_1^2 + x_2^2 + \cdots + x_n^2$$

④ 呈卡方分配的V值**只會出現0以上的數值**。另外，**愈靠近0的數值其相對次數就愈大，而遠離0的數值其相對次數就會急遽縮小。**

練習題

針對出自標準常態分配的資料進行3次觀測。試利用圖表16-5，求出觀測到的3個數值平方和為2以上、未滿7時的相對次數為何。

2以上的相對次數＝（　　　　　　　　　）

7以上的相對次數＝（　　　　　　　　　）

2以上、未滿7的相對次數

＝（　　　　）－（　　　　）＝（　　　　）

※解答在第203頁

用卡方分配估計母體變異數
估計常態母群體的母體變異數

❶ 卡方分配的95%預測命中區間

在第十六講當中已說明過，從標準常態母群體（母群體為 $\mu = 0$、$\sigma = 1$ 的標準常態分配）當中先觀測n個資料，再將這些資料平方後加總可以求出統計量V，而V會呈自由度n的卡方分配。

那麼，若要講出能夠明確知道資料呈何種分配有什麼好處，那就是如此便**可以估算出「命中率達95%的預測」**。在第89頁和第139頁當中已經解釋過常態分配的預測估計法，而卡方分配也是相同的模式，先指定出一個範圍，若V值能夠涵蓋在這段範圍之內，這項預估就有可能達到95%的成真機率。

具體請看圖表17-1。卡方分配的95%預測命中區間會因自由度而異，這是因為依照自由度的不同，卡方分配的樣貌（直方圖的形狀）會有所改變，因此預測命中區間也會跟著有所不同。

比方說，我們從標準常態母群體中觀測到5個資料，計算出了這些資料的平方和，也就是統計量V，則V會呈自由度5的卡方分配。如圖表17-1所示，以這個V值來看，當「0.8312≤V」時資料的相對次數為97.5%，而「12.8325≤V」時資料的相對次數為2.5%，所以「**0.8312≤V＜12.8325**」的相對次數就等於 97.5 － 2.5 ＝ 95%。

圖表17-1 自由度5的卡方分配

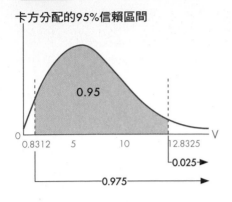

卡方分配的95%信賴區間

自由度	0.975	0.025
1	0.001	5.023
2	0.0506	7.377
3	0.2157	9.3484
4	0.4844	11.1433
5	0.8312	12.8325
6	1.2373	14.4494
7	1.6898	16.0128

代表0.8312以上的資料,其相對次數為97.5%。

代表12.8325以上的資料,其相對次數為2.5%。

　　不過在經過減法計算後,這段區間的極大值12.8325會不包括在這段範圍內,但由於將這個數值納入範圍也不會影響到機率,因此為了符合常態分配的預測命中區間,寫法上還是將它涵蓋在範圍之內。於是,在可能成為 V 值的那些數值裡,會有95%都涵蓋在「$0.8312 \leq V \leq 12.8325$」當中,只要將結果預測在這段範圍之內,就有95%的機率可以命中。若以直方圖(圖表17-1左側的圖)來看,則可以解釋為「$0.8312 \leq V \leq 12.8325$」的相對次數為0.95。

　　同樣的,如果知道了 V 呈自由度6的卡方分配,只要查看圖表中自由度6的部分,並以「$1.2373 \leq V \leq 14.4494$」為預測的範圍,這就是其95%預測命中區間。

2 估計常態母群體的母體變異數

能定出95%預測命中區間，就意味著可以利用它做區間估計。請回想一下，若用出自於母體平均數為 μ、母體標準差為 σ 的常態母群體的樣本x來求出 $z = \dfrac{x - \mu}{\sigma}$，則**統計量 z 會成為標準常態分配**。所以只要知道 σ，就可以做 μ 的區間估計。

而要是能夠從x、μ 和 σ 求出卡方分配的統計量，同樣可以進行區間估計。

假使從常態母群體觀測n個資料，也就是觀測 x_1、$x_2 \cdots x_n$ 的樣本，那麼將它們減去母體平均數 μ 再除以母體標準差，就會換算成如下數值：

$(\dfrac{x_1 - \mu}{\sigma})$、$(\dfrac{x_2 - \mu}{\sigma})$ … $(\dfrac{x_n - \mu}{\sigma})$

這些數值和統計量z是一樣的東西，所以也都呈標準常態分配，因此只要將其平方後再相加，就可以求得卡方分配的統計量V。

也就是說：

如何從一般常態母群體求取呈卡方分配的V值

從母體平均數為 μ、母體標準差為 σ 的常態母群體中觀測 n 個樣本 x_1、$x_2 \cdots x_n$ 之後，以下列方式所計算出的統計量 V 就會呈自由度 n 的卡方分配：

$V = (\dfrac{x_1 - \mu}{\sigma})^2 + (\dfrac{x_2 - \mu}{\sigma})^2 + \cdots + (\dfrac{x_n - \mu}{\sigma})^2$

藉由這條公式，就能從一般常態母群體的樣本求取出卡方分配的統計量，所以只要**利用前一小節所解說卡方分配的95%預測命中區間，即可對母體變異數做區間估計。**

不過，在這一講所說明的卻是在「**已知母體平均數 μ**」這種不自然的情況下進行預估，這個假設是為了能夠迅速理解母體變異數的估計法，而在之後的第十八講中則會去掉這項假設，改為在「母體平均數也未知」的狀態下估算，而這裡則是進入下一階段前的前置閱讀。

接著就以具體的例子解說估計的方法。

應用題

已知有一種蝴蝶的身長資料為母體平均數80公釐的常態母群體。這時我們觀測到3隻蝴蝶的身長分別為76公釐、85公釐和83公釐。在這種情況下，試求母體變異數 σ^2 的95%信賴區間。

解答與解說

一開始，先從觀測到的3個樣本求出統計量V。

$$V = (\frac{x_1 - \mu}{\sigma})^2 + (\frac{x_2 - \mu}{\sigma})^2 + (\frac{x_3 - \mu}{\sigma})^2$$

已知上式中的觀測值 $x_1 = 76$、$x_2 = 85$、$x_3 = 83$，而母體平均數 $\mu = 80$，將這些代入算式之後：

$$V = (\frac{76-80}{\sigma})^2 + (\frac{85-80}{\sigma})^2 + (\frac{83-80}{\sigma})^2$$

$$= \frac{(-4)^2}{\sigma^2} + \frac{5^2}{\sigma^2} + \frac{3^2}{\sigma^2}$$

$$= \frac{16}{\sigma^2} + \frac{25}{\sigma^2} + \frac{9}{\sigma^2}$$

$$= \frac{50}{\sigma^2}$$

由於已經知道樣本數有3個，因此可知V值屬於自由度3的卡方分配。這時候，以估計的基本概念必須要能想到：「**我們所觀測到的資料數值，應該要能夠符合95%預測命中區間**」。

換言之，就是要先預測 σ 的數值，而當由觀測值所計算出來的V值不在95%預測命中區間的範圍當中時，就將該事先預測的 σ 假設拒絕掉。

要讓母群體的母體變異數 σ^2 不被拒絕而能被採納，就**必須滿足以下算式**，這算式是由圖表17-1而來（假如 σ^2 不能滿足此算式條件，就予以拒絕）：

$$0.2157 \leq \frac{50}{\sigma^2} \leq 9.3484$$

解開這道不等式後，就會求出**母體變異數** σ^2 **的95%信賴區間**。

$0.2157\sigma^2 \leq 50 \leq 9.3484\sigma^2 \quad \leftarrow$ 把三邊都乘以 σ^2——①

$\sigma^2 \leq \dfrac{50}{0.2157} \quad \leftarrow$ 把①左邊的不等式除以 0.2157——②

$\sigma^2 \leq 231.80 \quad \leftarrow$ 除法運算完畢——③

$\dfrac{50}{9.3484} \leq \sigma^2 \quad \leftarrow$ 把①右邊的不等式除以 9.3484——④

$5.34 \leq \sigma^2 \quad \leftarrow$ 除法運算完畢——⑤

$5.34 \leq \sigma^2 \leq 231.80 \quad \leftarrow$ 將③與⑤合併——⑥

由以上計算可知，母體變異數 σ^2 的95%信賴區間就在 5.34 以上、231.8 以下。

也就是說，我們從觀測到的 3 隻蝴蝶的身長，估計出了在母群體當中身長的母體變異數為位在 5.34 以上、231.80 以下的數值。這就是在已知母體平均數時，對母體變異數所做的區間估計。

當然，只要把三邊開根號，就會得到母體標準差 σ 的區間估計。

也就是說，式子會變成：

$\sqrt{5.34} \leq \sigma \leq \sqrt{231.80} \quad \rightarrow \quad 2.31 \leq \sigma \leq 15.22$

重點整理

① 從一般常態母群體中，求出呈卡方分配的 V 值的方法：

從母體平均數為 μ、母體標準差為 σ 的常態母群體中觀測 n 個樣本 x_1、$x_2 \cdots x_n$ 之後，以下列公式所計算出的**統計量 V 會呈自由度 n 的卡方分配**：

$$V = \left(\frac{x_1 - \mu}{\sigma} \right)^2 + \left(\frac{x_2 - \mu}{\sigma} \right)^2 + \cdots + \left(\frac{x_n - \mu}{\sigma} \right)^2$$

② 只要按照以下步驟，即可在已知母體平均數 μ 的常態母群體中，從 n 個資料估計出母體變異數 σ^2 的 95% 信賴區間：

第一步 用①的方法從 n 個資料計算 V 值，V 的型態為 $\left(\dfrac{數字}{\sigma^2} \right)$。

第二步 從圖表當中，以 a 以上、b 以下的形式求得自由度 n 卡方分配的 95% 預測命中區間。

第三步 建立 $a \leq \left(\dfrac{數字}{\sigma^2} \right) \leq b$ 的不等式，解開這道式子裡的 σ^2。

練習題

已知有一種蝴蝶身長的母群體為母體平均數 80 公釐的常態母群體。這時假設觀測到 4 隻蝴蝶的身長分別為 76 公釐、77 公釐、83 公釐和 84 公釐，而母體變異數為 σ^2。試求 σ^2 的 95% 信賴區間（參見圖表 17-1）。

一開始先計算 V：

$$V = [\frac{(\qquad) - (\qquad)}{\sigma}]^2 + [\frac{(\qquad) - (\qquad)}{\sigma}]^2 +$$

$$[\frac{(\qquad) - (\qquad)}{\sigma}]^2 + [\frac{(\qquad) - (\qquad)}{\sigma}]^2$$

$$= \frac{(\qquad)}{\sigma^2} + \frac{(\qquad)}{\sigma^2} + \frac{(\qquad)}{\sigma^2} + \frac{(\qquad)}{\sigma^2}$$

$$= \frac{(\qquad)}{\sigma^2}$$

由於 V 呈自由度（　　）的卡方分配，所以要求取出能滿足下式的 σ^2：

$$(\quad) \leq \frac{(\qquad)}{\sigma^2} \leq (\quad)$$

解開這道式子後：

$$\frac{(\qquad)}{(\qquad)} \leq \sigma^2 \leq \frac{(\qquad)}{(\qquad)}$$

因此，95% 信賴區間為：

$$(\quad) \leq \sigma^2 \leq (\quad)$$

※解答在第203頁

用卡方分配估計母體變異數 估計常態母群體的母體變異數

樣本變異數呈卡方分配
與樣本變異數成正比的統計量W

1 與樣本變異數成正比的統計量W

在第十七講當中，我們將出自於常態母群體的樣本減掉母體平均數 μ 再除以母體標準差 σ，求出平方和而衍生出呈卡方分配的統計量V，再利用卡方分配的95%預測命中區間進行區間估計。但是，上述計算流程是在「已知母體平均數 μ」這種稍微不自然的假設下進行，原因是資料在減掉母體平均數再除以母體標準差後會轉變為標準常態分配，接著計算出其平方和後會化為卡方分配，所以有必要先預設這種不自然的前提（譯注）。

在求取統計量V時，我們可以注意到下列這個在運算過程中會出現的環節，這道式子與計算資料S.D.（此處指樣本標準差）的過程中會出現的（偏差）^{2} 算式相似：

（資料－母體平均數 μ ）^{2}

譯注：換言之，為了利用卡方分配的性質做區間估計，就必須先假設母體平均數 μ 已知，才能藉由上述計算求出呈卡方分配的統計量V來加以運用。

這兩種計算的不同，在於求統計量 V 時要將資料「**減掉母體平均數 μ**」，而在求樣本變異數 s^2 時則是把資料「**減掉樣本平均數 $\bar{x}$**」以算出偏差。雖然統計量 V 恰好是呈卡方分配，但如果計算過程並非減去母體平均數 μ，而是減掉樣本平均數 $\bar{x}$ 再求取平方和，那麼「統計量呈卡方分配」的這項性質是否就會瓦解呢？

非常湊巧的是，其實只要**稍微變更一點小地方，就能夠讓統計量依然維持卡方分配的性質。**

把 V 算式中的母體平均數 μ 換成樣本平均數 $\bar{x}$，就會求出以下這個不同於 V 的統計量 W：

W＝〔(樣本－樣本平均數) 的平方÷母體變異數〕的和

$$= (\frac{x_1 - \bar{x}}{\sigma})^2 + (\frac{x_2 - \bar{x}}{\sigma})^2 + \cdots + (\frac{x_n - \bar{x}}{\sigma})^2 \quad \cdots ❶$$

事實上，我們已知 W 值也呈卡方分配，不過這裡要事先講明，W 是**一種和樣本變異數 s^2 成正比的統計量。**

樣本變異數 s^2 為：

$$s^2 = \frac{(x_1 - \bar{x})^2 + (x_2 - \bar{x})^2 + \cdots + (x_n - \bar{x})^2}{n} \quad \cdots ❷$$

在這裡，❶式和❷式的分子一致，因此只要把樣本變異數乘以資料數 n 以去掉分母，這道算式就會變得和將 W 乘以母體變異數 σ^2 以去掉分母後的式子一樣。換句話說，我們會得到如下關係式：

把樣本變異數 s^2 乘以資料數 n 所得出的式子＝把 W 乘以母體變異數 σ^2 所得出的式子

$n \times s^2 = \sigma^2 \times W$

總地來說，W 這種統計量會和樣本變異數成正比。所以 W 並不是那麼新奇的統計量，而是把樣本變異數稍做處理之後的產物。總歸來說：

樣本變異數與W的關係式

①樣本變異數 s^2＝(W×母體變異數 σ^2)÷資料數 n

②W＝(樣本變異數 s^2×資料數 n)÷母體變異數 σ^2

2 樣本變異數的卡方分配自由度比n小上1

前一小節中已經提到，事實上已經有人證明出經由「W＝〔(樣本－樣本平均數)的平方÷母體變異數〕的和」這道公式所求出的統計量W，也恰好呈卡方分配，不過它的自由度並不是資料數n，而是將資料數減去1，和V的情況有所不同。若要歸納出一條定律，則：

從一般常態母群體中，求出呈卡方分配W值的方法

從母體平均數為μ、母體標準差為σ的常態母群體中觀測n個樣本x_1、x_2…x_n，再建立如下公式，則W統計量會呈自由度(n－1)的卡方分配：

W＝〔(樣本－樣本平均數)的平方÷母體變異數〕的和

$$= \frac{(x_1 - \overline{x})^2}{\sigma^2} + \frac{(x_2 - \overline{x})^2}{\sigma^2} + \cdots + \frac{(x_n - \overline{x})^2}{\sigma^2}$$

這裡只有一個重點：雖然W值是從n個樣本計算而來，不過它的**自由度卻是「n－1」**，比資料數n再小上1。對箇中原由感興趣的話，在第176頁的【補充說明】中有簡略的講解，可以閱讀那篇文章，但由於內容有點艱澀，不看也無妨。我們只是統計學的使用者，對於數學家的研究成果抱持信任繼續向前邁進，也是正確的學習態度之一。現在我們就把上述定律換算成和樣本變異數相關的算式吧！

在前一小節當中已經解釋過統計量W與樣本變異數成正比的觀念，因此在已知樣本變異數的情況之下，就可以透過它來求出呈卡方分配的統計量。

從一般常態母群體的樣本變異數中，求出呈卡方分配W值的方法

從母體平均數為μ、母體標準差為σ的常態母群體中觀測n個樣本，將計算出來的樣本變異數標記為s^2，此時只要建立如下公式，則W統計量會呈自由度(n－1)的卡方分配：

W＝(樣本變異數s^2×n)÷母體變異數σ^2

圖表18-1 樣本變異數是卡方分配的親戚

樣本變異數（s^2）與W的關係式

$$\frac{ns^2}{\sigma^2}=W$$　也就是說，$\frac{（資料數 \times 樣本變異數）}{母體變異數}=W$

由於已知W呈自由度（$n-1$）的卡方分配，
所以可將樣本變異數視為也近似於卡方分配（事實上兩者只差了常數倍）

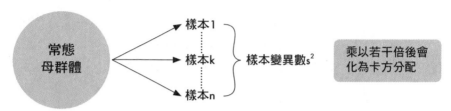

最後我們就透過應用題，親身體驗統計量W的數字感吧！

應用題

從常態母群體中觀測到的樣本為1、5、7、9和13，試計算統計量W。

另外，W會化為哪一種分配裡的資料呢？

解答

求得W值的過程：

從常態母群體中出現的5個資料為1、5、7、9和13。

樣本平均數 $\bar{x}=\dfrac{1+5+7+9+13}{5}=7$

樣本變異數 s^2

$=\dfrac{(1-7)^2+(5-7)^2+(7-7)^2+(9-7)^2+(13-7)^2}{5}$

$=\dfrac{(-6)^2+(-2)^2+(0)^2+2^2+6^2}{5}=\dfrac{80}{5}=16$

（也就是說，樣本標準差 $s=\sqrt{16}=4$）

因此：

$W=\dfrac{ns^2}{\sigma^2}=\dfrac{5\times16}{\sigma^2}=\dfrac{80}{\sigma^2}$，呈自由度（$5-1$）=4的卡方分配。

另可直接依下列算式求解：

$$W = \frac{(1-7)^2 + (5-7)^2 + (7-7)^2 + (9-7)^2 + (13-7)^2}{\sigma^2} = \frac{80}{\sigma^2}$$

重點整理

①新的統計量W定義如下：

W＝〔（樣本－樣本平均數）的平方 ÷ 母體變異數〕的和

$$= \frac{(x_1 - \overline{x})^2}{\sigma^2} + \frac{(x_2 - \overline{x})^2}{\sigma^2} + \cdots + \frac{(x_n - \overline{x})^2}{\sigma^2}$$

②樣本變異數與W的關係式

（ⅰ）樣本變異數 s^2 ＝（W×母體變異數 σ^2）÷ 資料數 n

（ⅱ）W＝（樣本變異數 s^2 × 資料數 n）÷ 母體變異數 σ^2

③從一般常態母群體中，求出呈卡方分配W值的方法

從母體平均數為 μ、母體標準差為 σ 的常態母群體中觀測 n 個樣本 x_1、$x_2 \cdots x_n$，再建立如下公式，則W統計量會呈自由度（n－1）的卡方分配：

W＝〔（樣本－樣本平均數）的平方 ÷ 母體變異數〕的和

$$= \frac{(x_1 - \overline{x})^2}{\sigma^2} + \frac{(x_2 - \overline{x})^2}{\sigma^2} + \cdots + \frac{(x_n - \overline{x})^2}{\sigma^2}$$

④從一般常態母群體的樣本變異數中，求出呈卡方分配W值的方法

從母體平均數為 μ、母體標準差為 σ 的常態母群體中觀測 n 個樣本，將計算出來的樣本變異數標記為 s^2，此時只要建立如下公式，則W統計量會呈自由度（n－1）的卡方分配：

W＝（樣本變異數 s^2 × 資料數 n）÷ 母體變異數 σ^2

練習題

從常態母群體當中抽取了4個資料，分別為3、9、11和17。

這時樣本平均數為 $\bar{x}=($ ㅤ)。

接著計算樣本變異數：

$$s^2 = \frac{(\quad)^2 + (\quad)^2 + (\quad)^2 + (\quad)^2}{(\quad)} = (\quad)$$

因此，樣本標準差 $s=($ ㅤ)。

之後再用母體變異數 σ^2 計算W值：

$$W = \frac{ns^2}{\sigma^2} = \frac{(\quad) \times (\quad)}{\sigma^2} = \frac{(\quad)}{\sigma^2}$$

W的資料就會呈自由度（ ㅤ ）的卡方分配。

※解答在第203頁

W的自由度比V小上1的理由

$$V = \frac{(x_1 - \mu)^2}{\sigma^2} + \frac{(x_2 - \mu)^2}{\sigma^2} + \cdots + \frac{(x_n - \mu)^2}{\sigma^2}$$

$$W = \frac{(x_1 - \bar{x})^2}{\sigma^2} + \frac{(x_2 - \bar{x})^2}{\sigma^2} + \cdots + \frac{(x_n - \bar{x})^2}{\sigma^2}$$

V和W兩個統計量的定義如上。它們的不同在於，V減去的是母體平均數 μ，而W則是減掉樣本平均數 $\bar{x}$。

V在這道算式下，能夠確實先求取到標準常態分配資料然後計算平方和，因此可以直接套用卡方分配的定義。但W的算式則因為減掉的是 $\bar{x}$，和V不同，所以不確定在減掉 $\bar{x}$ 後的資料是否會呈標準常態分配。

不過，W只要經過巧妙的變形，就可以判定它是標準常態分配資料的平方和。但一般在改變算式型態的過程中，必須使用到龐大的數學工具，所以此處我們就以最簡單的情況來計算，單純體驗一下約略狀況就好。

下面以2個樣本的情況來改變算式的型態。

假設觀測到的樣本為 x_1 和 x_2，樣本平均數即為：

$$\bar{x} = \frac{(x_1 + x_2)}{2}$$

接著計算（樣本－樣本平均數）＝偏差，式子就會變為：

$$x_1 - \bar{x} = x_1 - \frac{(x_1 + x_2)}{2} = \frac{(x_1 - x_2)}{2}$$

$$x_2 - \bar{x} = x_2 - \frac{(x_1 + x_2)}{2} = \frac{(x_2 - x_1)}{2}$$

然後求出兩者的平方和，再除以母體變異數 σ^2，就會得出W值：

$$\text{平方和} = \left[\frac{(x_1 - x_2)}{2} \right]^2 + \left[\frac{(x_2 - x_1)}{2} \right]^2$$

$$= \frac{2x_1^2 - 4x_1x_2 + 2x_2^2}{4} = \frac{(x_1 - x_2)^2}{2}$$

$$W = \frac{(x_1 - x_2)^2}{(2\sigma^2)} = \frac{(x_1 + (-x_2))^2}{(2\sigma^2)} = (\frac{x_1 + (-x_2)}{\sqrt{2}\,\sigma})^2$$

在這個式子當中，x_1的分配呈平均數為μ的常態分配，而$-x_2$的分配則呈平均數為（$-\mu$）的常態分配，因此兩者相加後的$x_1 +$（$-x_2$）就會呈平均數為0的常態分配（本書裡不會特別證明這一點，但這裡用上了「和的平均數＝平均數的和」的定律）。

再者，x_1的分配呈變異數為σ^2的常態分配，而$-x_2$的分配也呈變異數為σ^2的常態分配，因此相加後的$x_1 +$（$-x_2$）就會呈變異數為$2\sigma^2$、亦即呈標準差為$\sqrt{2}\,\sigma$的常態分配（本書亦不會證明此點，這裡用的是「和的變異數＝變異數的和」定律）。

由此可知，把$x_1 +$（$-x_2$）減掉平均數0，再除以S.D.$\sqrt{2}\,\sigma$，答案$\frac{(x_1) + (-x_2)}{\sqrt{2}\,\sigma}$**就會呈標準常態分配。**這證明了將它平方後所求得的W會呈自由度1的卡方分配。

在此要注意的是，雖然原本的資料數為2個，不過這裡**自由度已經減少了1**。其訣竅概括如下：

W之所以會變成卡方分配，是因為W的公式在變形之後出現樣本之間彼此相減的情況，使得平均數變為了0。這和計算V值時減去母體平均數所得到的結果、也就是讓平均數變成0的效果相同。另外，W的自由度會比資料數小了1，是因為我們將W＝（　　）²＋（　　）²的形式轉化成V型的算式後，會變成（　　）²的形式。**也就是說，原本為（　　）²＋…＋（　　）²形式的公式在透過變形後，相加的平方個數少掉了1個。**

以上的討論不只限於2個資料的情況，在一般資料為n個的時候，原理也大同小異，不過在那種情況下，具體的計算就變得相當困難，需要火力更強大的數學武器。

母體平均數未知下的
常態母群體區間估計
母體平均數未知也可估計母體變異數

1 母體平均數未知下估計母體變異數

在第十八講當中，我們知道了統計量 W 和樣本變異數 s^2 成正比，並呈卡方分配。由於樣本變異數的計算用不到母體平均數 μ，用到的是樣本平均數 $\bar{x}$，所以要利用 W 的分配性質來做區間估計時，就算不知道母體平均數也沒關係。因此，我們終於可以正式進入期盼已久的估計方法。

也就是，「**在不假設任何多餘的已知事物下估計常態母群體**」。

對出自於母體平均數和母體變異數都未知的常態母群體裡的樣本，估計其母體變異數（或母體標準差），這就是本講所要解說的區間估計方法。

看到這裡，敏銳的讀者或許會有這樣的疑問：

「為什麼要先計算母體變異數呢？先估計出母體平均數不是比較自然嗎？」

確實如此。由於母體平均數是基本參數，所以，一般來說很自然會想先把它估算出來。但以只學習了常態分配和卡方分配的現階段而言，這些知識其實還不足以進行這種運算。要估計母體平均數，就必須學習 t 分配這種新的分配知識。第二十講和第二十一講會以 t 分配解說估計母體平均數的方法，這裡則先進行關於母體變異數的估計。

從至今為止的內容裡，我們已經知道從常態母群體觀測到的n個樣本中求出樣本變異數s^2，並且將它轉換為統計量W後，就會變為呈**自由度(n－1)**的卡方分配。

知道卡方分配的95%預測命中區間，就能藉此對母體變異數做區間估計。估計時可按以下步驟來實行：

第一步　首先從觀測到的n個資料中，計算樣本平均數$\bar{x}$。

　　　　接著用樣本平均數$\bar{x}$求得偏差，將偏差的平方和除以n，算出樣本變異數s^2。

第二步　把樣本變異數s^2乘以n，再除以母體變異數σ^2後，求出統計量W。

第三步　從表中查出自由度（n－1）的95%預測命中區間。

第四步　進行σ^2的檢定，當W涵蓋在第三步所查得的區間範圍內時留下σ^2，並拒絕無法讓W包含在區間內的σ^2，以求出母體變異數σ^2的95%信賴區間。

看了這些步驟就知道，在**第一步**和**第二步**中，除以n再乘以n的計算是多此一舉，所以實際運算時可將之合併，改用以下步驟來代替。

第一步＋第二步

　　首先從觀測到的n個資料中，計算樣本平均數$\bar{x}$。接著用樣本平均數$\bar{x}$求得偏差，將偏差的平方和除以母體變異數σ^2後，求出統計量W。

透過這樣的步驟，我們終於能夠實現期盼已久的預估法：「針對常態分配資料以外的未知母群體參數進行估計」。這之所以能夠實行，是因為我們發現到**即便使用樣本平均數，也可以求得呈卡方分配的統計量W。**

2 估計母體變異數的具體案例

那麼,接著就用具體案例來看怎麼以W值估計母體變異數。

應用題

有一種蝴蝶的身長為常態母群體。我們觀測到了其中5隻蝴蝶的身長為76公釐、85公釐、82公釐、80公釐和77公釐,試求取母體變異數σ^2的95%信賴區間。

這個問題的計算要採取以下步驟:從觀測到的5個資料中算出統計量W,它涵蓋了我們所要估計的母體變異數σ^2,並且呈自由度(5-1)=4的卡方分配。無法讓W值涵蓋於95%預測命中區間內的σ^2,就予以拒絕,經過檢定後能夠留下來的σ^2即為估計的結果。

我們就來算算看吧!

第一步

計算樣本平均數。
$$\bar{x} = \frac{76+85+82+80+77}{5} = 80$$

計算樣本變異數。
$$s^2 = \frac{(-4)^2+(+5)^2+(+2)^2+(0)^2+(-3)^2}{5} = 10.8$$

第二步

求出W值。
$$W = \frac{ns^2}{\sigma^2} = \frac{5 \times 10.8}{\sigma^2} = \frac{54}{\sigma^2}$$

第三步

從圖表17-1可知,自由度(5-1=)4的卡方分配,其95%預測命中區間為0.4844 ～ 11.1433。

第四步

解開不等式。

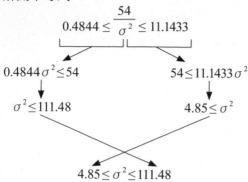

$$0.4844 \leq \frac{54}{\sigma^2} \leq 11.1433$$

$$0.4844\sigma^2 \leq 54 \qquad\qquad 54 \leq 11.1433\sigma^2$$

$$\sigma^2 \leq 111.48 \qquad\qquad 4.85 \leq \sigma^2$$

$$4.85 \leq \sigma^2 \leq 111.48$$

經由上述計算，可求出蝴蝶身長母體變異數的95%信賴區間為：

4.85≤σ²≤111.48

看到這個解答後，會覺得「這數值不會太大了嗎？」的人，想必已經忘了這是「變異數」。

「蝴蝶的身長從平均數算起的分布範圍多廣」，**能夠用來表示這種分散狀態的指標為母體標準差**，可經由把**母體變異數開根號**後求出。只要用計算機算出下式：

$$\sqrt{4.85} \leq \sigma \leq \sqrt{111.48}$$

即可估計出母體標準差為：

2.2≤σ≤10.6

重點整理

在母體平均數未知的常態母群體中，替母體變異數做區間估計的方法為：

第一步

首先從觀測到的n個資料中，計算樣本平均數 $\bar{x}$。

接著用樣本平均數 $\bar{x}$ 求得偏差，將偏差的平方和除以n，算出樣本變異數 s^2。

第二步

把樣本變異數 s^2 乘以n，再除以母體變異數 σ^2 後，求出統計量W。

第三步

從表中查出自由度（n－1）的95%預測命中區間。

第四步

進行 σ^2 的檢定，當W涵蓋在第三步所查得的區間範圍內時留下 σ^2，並拒絕無法讓W包含在區間內的 σ^2，以求出母體變異數 σ^2 的95%信賴區間。

練習題

假設有一種蝴蝶的身長為常態母群體，而我們觀測到4隻蝴蝶的身長為76公釐、77公釐、83公釐和84公釐。試求母體變異數 σ^2 的95%信賴區間。

首先，樣本平均數＝（　　），接著再計算樣本變異數：

$$s^2 = \frac{[(\ \ )-(\ \ )]^2+[(\ \ )-(\ \ )]^2+[(\ \ )-(\ \ )]^2+[(\ \ )-(\ \ )]^2}{(\ \ \ \ )}$$

$$= \frac{(\ \ \ \ )^2+(\ \ \ \ )^2+(\ \ \ \ )^2+(\ \ \ \ )^2}{(\ \ \ \ )}$$

$$= (\ \ \ \ )$$

接下來計算W值：

$$W = \frac{(\ \ \ \ )}{\sigma^2}$$

由於W呈自由度（　　）的卡方分配，所以要求出滿足下式的 σ^2：

$$(\ \ ) \leq \frac{(\ \ \ \ )}{\sigma^2} \leq (\ \ )$$

解開這道式子後：

$$\frac{(\ \ \ \ )}{(\ \ \ \ )} \leq \sigma^2 \leq \frac{(\ \ \ \ )}{(\ \ \ \ )}$$

因此，母體變異數 σ^2 的95%信賴區間為：

$$(\ \ ) \leq \sigma^2 \leq (\ \ )$$

※解答在第203頁

第20講

t 分配登場

除母體平均數外，可用現實中觀測到的樣本計算而來的統計量

1 t 分配登場

在第十九講當中，我們看到如何順利地估計出母體變異數。前講所介紹的計算技巧可在只知道母群體為常態分配的情況下，估計出代表母群體特性的重要參數「母體變異數 σ^2（或母體標準差 σ）」。

我們再回顧一次看看要怎麼實行這種做法吧。

從常態母群體實際觀測到 n 個資料 x_1、$x_2 \cdots x_n$ 的時候，可以輕易從這些資料計算出它們的樣本平均數 $\bar{x}$。此外，n 個資料的偏差 $x_1 - \bar{x}$、$x_2 - \bar{x} \cdots x_n - \bar{x}$ 這種統計量，也可以只從資料本身就實際計算出來。

而將偏差的平方和除以母體變異數 σ^2 之後求出的統計量 W 呈卡方分配，並且卡方分配的相對次數已經完全研究出來，因此可以利用其 95％ 預測命中區間進行 σ^2 的區間估計。

也就是說，W 是一種除了母體變異數 σ^2 以外，能夠只靠現實中觀測到的樣本就計算得出來的統計量。由於我們對它的分配了解得一清二楚，所以相當利於運算。

那麼，同樣在只知道母群體為常態分配的情況下，是不是也可以**估計母體平均數 μ** 這另一種代表母群體特性的重要參數呢？

根據上述的分析可以知道，只要我們能夠握有另一種**除了母體平均數 μ 以外，也能夠只靠現實中觀測到的樣本就計算得出來的統計量，並對這種統計量的分配了解得一清二楚**的話，就有可能對母體平均數 μ 進行估計。發現這種統計量的人是英國的化學家**戈斯特**（William Sealy Gosset，1876～1936年），他投稿到學術期刊的時候用了「學生」這個謙虛的筆名，所以現在我們以「**學生 t 分配**」來稱呼「T」這種統計量。統計量 T 是什麼樣的東西呢？我們暫且把理論放在一邊，先從統計量本身來看吧！

　　統計量 T 要按照以下步驟計算：

　　假設我們從常態母群體中，實際觀測到了 n 個資料 x_1、$x_2\cdots x_n$。

第一步　計算 n 個資料的樣本平均數 $\bar{x}$。

　　　　（之前已說明過要用 $\bar{x} = \dfrac{x_1 + x_2 + \cdots x_n}{n}$ 來計算）

第二步　計算 n 個資料的樣本標準差 s。

　　　　（之前已說明過 $s = \sqrt{\dfrac{(x_1 - \bar{x})^2 + (x_2 - \bar{x})^2 \cdots (x_n - \bar{x})^2}{n}}$

第三步　將樣本平均數 $\bar{x}$ 減掉母體平均數 μ，除以樣本標準差 s，再乘以把資料數減 1 後開根號的 $\sqrt{n-1}$，就會得到**統計量 T**。

　　　　$T = \dfrac{(\bar{x} - \mu)\sqrt{n-1}}{s}$　…❶

　　從這個計算步驟當中可以看出，統計量 T 是**除了母體平均數 μ 之外，能夠只靠觀測到的資料就計算出來的數值**。而且，假如對這項 T 值的分配了解得一清二楚的話，就可以求出 95% 預測命中區間，然後能夠在未知母體變異數 σ^2 或母體標準差 σ 的情況下，利用 95% 預測命中區間對母體平均數 μ 做區間估計。

　　我們就在這裡稍微解說一下「統計量 T 的精神」吧！第十四講第一節曾經說明過，從母體平均數為 μ、母體標準差為 σ 的常態母群體中所觀測到的 n 個資料 x_1、$x_2\cdots x_n$，其樣本平均數 $\bar{x}$ 會呈平均數為 μ、標準差為 $\dfrac{\sigma}{\sqrt{n}}$ 的常態分配。此外第十五講則談到，把 $\bar{x}$ 減掉平均數 μ、除以標準差 $\dfrac{\sigma}{\sqrt{n}}$ 所求得的統計量 $z = \dfrac{(\bar{x} - \mu)}{\dfrac{\sigma}{\sqrt{n}}}$ 呈標準常態分配，而只要知道了 σ，

就可以做母體平均數 μ 的區間估計。

不過在母群體來說，「**母體標準差 σ 未知**」的情況是相當地稀鬆平常，所以在戈斯特之前的學者，都拿樣本標準差 s 來代替 σ，利用它求出 $\dfrac{(\bar{x}-\mu)}{\frac{s}{\sqrt{n}}} = \dfrac{(\bar{x}-\mu)\sqrt{n}}{s}$ 的統計量後，再用同樣的方法估計 μ。

的確，雖然是用 s 來代替 σ，但只要樣本數 n 夠多，也能將這種統計量視為常態分配，完成正確的估計，不會出任何問題。

然而戈斯特卻注意到，在樣本數 n 少的時候，就會衍生出若將此統計量視為常態分配則無法漠視的大誤差。

因此，他為了準確求得這種未知的分配而努力不懈，最後終於發現了 t 分配（在❶的式子當中，統計量 T 在分子的根號裡面不是 n 而是 n－1，這和自由度有關，但屬於枝微末節可略過不理）。

不過 t 分配正式的定義，其實與利用❶式的統計量 T 所求得的數值不同。其正式的定義要追溯自標準常態分配和卡方分配，在本講第四節當中會再說明 t 分配是怎樣的東西，以及為什麼會與❶式這個求出 T 值的算式一致。

2 t 分配的直方圖

統計量 $T = \dfrac{(\bar{x} - \mu)\sqrt{n-1}}{s}$ 的分配，叫做「**自由度 n－1 的 t 分配**」，性質和常態分配非常相似，其直方圖形狀因資料數值為連續性而變成曲線，就如圖表20-1所示。

從圖表中可知，t 分配的形狀和常態分配大同小異，但坡度比常態分配還要平緩一些。也就是說，t 分配的圖比常態分配的山頂稍微低一點，相對地山腳部分則比較高。

另外，只要看到圖表20-2，就會發現隨著自由度（樣本數－1）變大，山勢也會漸趨陡峭，愈接近0的地方相對次數就愈大。

圖表20-1 t 分配與常態分配

常態分配
t 分配

−3　−2　−1　0　1　2　3

t 分配的相對次數透過戈斯特和其他數學家的研究，已被正確地計算出來，所以它和常態分配及卡方分配一樣，都可以定出95%預測命中區間。這一點在接下來的第二十一講中會說明。

圖表20-2 t 分配是什麼樣的分配

$$T = \frac{標準常態分配 \times \sqrt{自由度}}{\sqrt{卡方分配}}$$

用這個公式將資料處理過後，得到的T值會化為 t 分配這種特殊的分配。

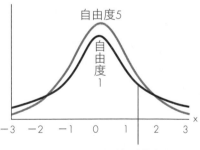

自由度5
自由度1

−3　−2　−1　0　1　2　3　x

t 分配的形狀與標準常態分配相似，不過山腳稍微寬了一點

3 統計量T的計算

我們先來展示一下計算統計量T的具體案例吧！此處為了方便，姑且假設母體平均數 μ 為已知，不過其實自然情況下應該是未知的，而在下一講就會介紹針對「未知的 μ」所做的區間估計。

應用題

從母體平均數 $\mu = 6$ 的常態母群體中觀測到了5個資料，為1、5、7、9和13。試計算出統計量T。

第一步 計算這5個資料的樣本平均數 $\bar{x}$。
$$\bar{x} = \frac{1+5+7+9+13}{5} = 7$$

第二步 計算這5個資料的樣本標準差s。
$$s^2 = \frac{(1-7)^2 + (5-7)^2 + (7-7)^2 + (9-7)^2 + (13-7)^2}{5}$$
$$= \frac{(-6)^2 + (-2)^2 + (0)^2 + 2^2 + 6^2}{5} = 16$$
$$s = \sqrt{16} = 4$$

第三步 計算統計量T。
$$T = \frac{(\bar{x} - \mu)\sqrt{n-1}}{s} = \frac{(7-6)\sqrt{5-1}}{4} = 0.5$$
透過以上步驟就可以計算出統計量T。

4 t 分配的正式定義

t 分配的定義

t 分配的正式定義如下。

現有呈標準常態分配的資料z、以及呈自由度k卡方分配的資料W（與資料z相互獨立，兩者不會受另一方影響）。若從這兩個資料計算下式，求出的**統計量T即為自由度k的t分配：**

$$T = \frac{z\sqrt{k}}{\sqrt{W}} \quad \cdots \textbf{❷}$$

＝標準常態分配的資料 z × $\sqrt{W\text{的自由度 }k}$ ÷ $\sqrt{\text{卡方分配 }W}$

若用文字來說明，那麼只要有標準常態分配和卡方分配的資料，把前者除以開根號的後者，最後再乘以開根號之後的後者自由度，即可藉此得出 t 分配（這裡可以先忽略所謂「獨立」的條件）。我們就以具體的計算過程，來看看用本講第一節的 ❶ 式所下定義的統計量 T，是如何成為上述 ❷ 式所定義的 T 值。

假設常態母群體的母體平均數為 μ，母體變異數為 σ^2。這時由 n 個樣本所計算而來的樣本平均數 $\bar{x}$ 會呈平均數為 μ、標準差為 $\frac{\sigma}{\sqrt{n}}$ 的常態分配。

此外，當樣本平均數減掉它的平均數 μ、並除以它的標準差 $\frac{\sigma}{\sqrt{n}}$ 後，所得出的**以下統計量會呈標準常態分配**：

$$U = \frac{(\bar{x} - \mu)}{\frac{\sigma}{\sqrt{n}}} \quad \cdots \textbf{❶}$$

另一方面，將樣本變異數 s^2 乘以資料數 n、除以母體變異數 σ^2 後，以下式子就會**呈自由度（n－1）的卡方分配**。這在第 172 頁已經解說過：

$$W = \frac{s^2 n}{\sigma^2} \quad \cdots \textbf{❷}$$

因此，從 ❶ 式求得呈標準常態分配的 U，然後從 ❷ 式求得呈卡方分配的 W，將兩者代入 t 分配定義中的指定位置後，求出的 **T 值就會呈 t 分配**。

代入算式後的具體計算過程就如圖表20-3所示。請仔細觀察以約分等手法消掉分子分母後，使算式變得簡潔的過程。

雖然這個計算看起來有點麻煩，不過將 $\dfrac{(\bar{x}-\mu)\sqrt{n-1}}{s}$ 的算式變形以後，**就會變成和下列公式一樣的形態：**

圖表20-3 t 分配的算式

$$\frac{U\sqrt{n-1}}{\sqrt{W}} = \frac{\left(\dfrac{\bar{x}-\mu}{\sigma/\sqrt{n}}\right)\sqrt{n-1}}{\sqrt{\dfrac{s^2 n}{\sigma^2}}}$$

$$= \left(\frac{\bar{x}-\mu}{\sigma/\sqrt{n}}\right)\sqrt{n-1}\,\frac{\sigma}{s\sqrt{n}}$$

$$= \frac{(\bar{x}-\mu)\sqrt{n-1}}{s}$$

（標準常態分配的資料 z）$\times \sqrt{（W的自由度 k）\div \sqrt{（卡方分配 W）}}$

這個計算過程中最重要的是，U 和 W 都包含了母體標準差 σ，而 σ 會**被約分掉。**藉由這一點，就會求出不包括 σ、而只涵蓋 μ 的統計量。

重點整理

① 從母體平均數 μ 和樣本計算統計量 T

　　出自於母體平均數為 μ 的常態母群體的 n 個樣本，其樣本平均數為 $\bar{x}$，而樣本標準差為 s，從這些數值計算下式，得出的**統計量 T 會呈自由度（n－1）的 t 分配：**

　　$T = \dfrac{(\bar{x}-\mu)\sqrt{n-1}}{s}$

　　　$=（樣本平均數－母體平均數）\div 樣本標準差 \times \sqrt{自由度}$

② t 分配是一種已經明確知道其相對次數的分配。雖然與常態分配的圖表形狀幾乎一樣，但它的坡度會比常態分配平緩一些，也就是**山頂較低，而山腳較高。**

練習題

從母體平均數 $\mu = 12$ 的常態母群體中抽取了4個資料，分別是3、9、11和17。

試依以下步驟計算T值。

樣本平均數 $\bar{x} = ($　　$)$。

然後再算出樣本變異數 s^2：

$$s^2 = \frac{[(\ \ ) - (\ \ )]^2 + [(\ \ ) - (\ \ )]^2 + [(\ \ ) - (\ \ )]^2 + [(\ \ ) - (\ \ )]^2}{(\ \ \ \ )}$$

$$= (\ \ \ \ \ )$$

因此，樣本標準差 $s = ($　　$)$。

接下來計算T值。

$$T = \frac{(\bar{x} - \mu)\sqrt{n-1}}{s} = \frac{(\ \ \ )\sqrt{(\ \ \ )}}{(\ \ \ )} = (\ \ \ \ )$$

※解答在第203頁

拜健力士啤酒之賜發現了 t 分配

發現了 t 分配，而讓小樣本能夠自然地用於估計上的化學家戈斯特自牛津大學畢業後，到了知名的啤酒公司健力士上班。他在健力士公司從事啤酒的管理和開發的研究，不過在分析大麥和啤酒花等啤酒原料與製造條件之間的關係時，卻苦於不能擷取到夠多的樣本數，因此**深切體會到小樣本估計技術的必要性。**

於是戈斯特歷盡千辛萬苦，最後**發現了 t 分配方法**，並用「學生」這個謙虛的筆名投稿論文。以現代眼光看來，這是劃時代的大發現，然而當時卻乏人問津。實際上，當時注意到這項研究結果重要性的人，就只有統計學的鼻祖費雪（Ronald Aylmer Fisher，1890～1962年），據說戈斯特也寄了一份 t 分配的表給費雪，還加上一句「會想使用這張表的就只有你一個人」。而費雪本人則將戈斯特譽為「統計學的法拉第（Michael Faraday，英國物理學家、化學家，1791～1867年）」，由此可知他多麼欣賞這項發現。

當時鮮為人知的 t 分配，如今成了**任何一本統計學教科書都不可或缺的概念**。這段小故事也讓我們看到，有時科學發現的非凡價值，需要花上多麼漫長的時間才能被人們所認同。

（以上內容整理自蓑谷千凰彥《談推論統計》，東京圖書出版）

第21講

透過 t 分配做區間估計
母體變異數未知下，
用常態母群體估計母體平均數

▉1 最自然的區間估計── t 分配

至今我們已走了一段漫長的路，或許在途中曾遭受過挫折，不過總算來到了這裡。

在第二十講中學到的 t 分配，是目前推論統計中最自然、最有用、也最常用的辦法。它的做法是**在只知道母群體呈常態分配、而母體變異數未知的條件下，從少許的樣本來估計母體平均數。**只要依照以下流程就可以辦到。

由第二十講的說明可知，從常態母群體觀測到 n 個樣本時，求出的下列統計量會化為相對次數已完全明確得知的 t 分配：

T＝（樣本平均數－母體平均數）÷樣本標準差×$\sqrt{n-1}$

因此，我們可以定出 95% 預測命中區間，並利用它做檢定或區間估計。

圖表 21-1 提供了 t 分配的 95% 預測命中區間。舉例來說，當自由度為 10 的時候，就要去看「自由度 10」旁邊所對應的數字 2.228，然後將 95% 預測命中區間以 0 為軸心設出對稱的範圍即可：

－ 2.228 ≤ T ≤ ＋ 2.228

圖表21-1 t 分配的預測命中區間

t 分配的95%預測命中區間

自由度	臨界值	自由度	臨界值
1	12.706	10	2.228
2	4.303	30	2.042
3	3.182	60	2.000
4	2.776	120	1.980
5	2.571		
6	2.447		
7	2.365		
8	2.306		
9	2.262		

代表自由度為10時，
臨界值在兩端的位置

−2.228　　　　　　　2.228

95%
預測命中區間

−3　−2　−1　0　1　2　3

自由度變成120後，臨界值就會變成1.98，接近1.96。
這意味著自由度增加後，t 分配會趨近於常態分配。

也就是說，當要預測呈「自由度10」t 分配的資料T時，將其範圍預設在 −2.228≤T≤+2.228之間，就會有95%的機會命中。

在T值的計算中，與母群體相關的資訊只包含了母體平均數 μ 而已，因此在實際取得樣本的情況下，只要我們**假定某個母體平均數 μ 的數值，就能算出統計量T**，而求得的T值若沒有涵蓋在95%預測命中區間內，就拒絕這個對於 μ 的假設。這個過程就是所謂「檢定」的概念（參見圖表21-2）。

具體來看的話，請再回顧一次第二十講第三節的**應用題**。

現在我們手邊有1、5、7、9和13這5個得自常態母群體的樣本，假定母群體的母體平均數 μ 為6，試檢測這項假設是否妥當。

為了驗證這一點，就要在 $\mu = 6$ 的情況下計算統計量T。已知T呈自由度（5 − 1 =）4的 t 分配，計算結果就如第188頁的應用題一樣，答案為0.5。因此，我們就要來看看T = 0.5這個答案是否位於95%預測命中區間的範圍內（也就是要思考當假設 $\mu = 6$ 並預測T值的範圍時，所提出的

預測範圍是否能將 T＝0.5 涵蓋在內）。

由圖表21-1可知，自由度4的 t 分配其95%預測命中區間為－2.776≤T≤＋2.776，因此 T＝0.5 在這個範圍之內。

也就是說，μ＝6這項假設的確可用來預測由5個樣本所計算出來的 T 值無誤，所以**並非屬於奇特到該被拒絕的假設**，而應該予以承認。

以上的計算流程叫做「**t 檢定**」。而在 t 檢定下，那些能夠留存下來的 μ 所結合而成的假設範圍，就是母體平均數 μ 的**95%信賴區間**。

圖表21-2 t 檢定

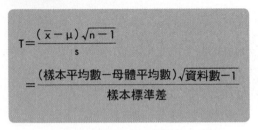

$$T=\frac{(\bar{x}-\mu)\sqrt{n-1}}{s}$$

$$=\frac{（樣本平均數－母體平均數）\sqrt{資料數-1}}{樣本標準差}$$

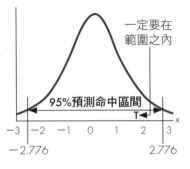

一定要在範圍之內

95%預測命中區間

用上式對資料進行處理後，T會呈自由度n－1的 t 分配。
接著，要以此T值是否能位在 t 分配的95%預測命中區間內來進行預估。

② 透過 t 分配做區間估計的方法

以上簡單說明了運用 t 分配預估母體平均數這種估計方法的思路。當然，除了「運用的是 t 分配」這點以外，此估計法和之前講解的運用常態分配、或是運用卡方分配等方法沒有任何不同。那麼，接著也一樣把利用 t 分配對母體平均數 μ 做區間估計的方法，分解整理成幾個步驟。

第一步　從取得的n個樣本，計算樣本平均數x̄和樣本標準差s。

第二步　用樣本平均數x̄、樣本標準差s、以及所要估計的母體平均數 μ，依照以下公式來計算統計量T。它呈自由度n－1的t分配：

$$T = (\bar{x} - \mu) \div s \times \sqrt{n-1}$$

第三步　從圖表 21-1 查自由度n－1的95%預測命中區間的臨界值，定出形式為－α≤T≤＋α 的95%預測命中區間。

第四步　解開下式的 μ，就會得出95%信賴區間：

$$-\alpha \leq \frac{(\bar{x} - \mu)\sqrt{n-1}}{s} \leq +\alpha$$

那麼，接著就以具體案例來計算看看。

以下數值為某種蝴蝶的身長：

76公釐、85公釐、82公釐、83公釐、76公釐和78公釐。

試做母體平均數的區間估計：

樣本平均數 $\bar{x} = \dfrac{76+85+82+83+76+78}{6} = 80$

樣本變異數 $s^2 = \dfrac{(-4)^2+5^2+2^2+3^2+(-4)^2+(-2)^2}{6} = 12.33$

樣本標準差 $s = \sqrt{12.33} = 3.51$

自由度（6－1＝）5的95%預測命中區間為：

$-2.571 \leq T \leq +2.571$

建立不等式：

$-2.571 \leq \dfrac{(80-\mu)\sqrt{5}}{3.51} \leq +2.571$

解開不等式後：

$-2.571 \leq (80-\mu) \times 0.637 \leq +2.571$　　←計算出 $\sqrt{5} \div 3.51 = 0.637$

$-4.036 \leq (80-\mu) \leq +4.036$　　←計算出 $2.571 \div 0.637 = 4.036$

$\mu - 4.036 \leq 80 \leq \mu + 4.036$

75.964≤μ≤84.036　　←估計的結果

以上的計算，就是透過出自於常態母群體的少數觀測資料，來對母群體的平均數「母體平均數 μ」做區間估計的方法。

而且，這種方法只需使用兩種第一部一開始就介紹到用來了解資料特性的基本統計量──樣本平均數和樣本標準差，其內容為本書最後劃下了圓滿的句點。這就是**本書的最終學習目標**──習得**初級統計學的衣缽真傳**。

重點整理

①T＝（樣本平均數－母體平均數）÷樣本標準差×$\sqrt{n-1}$
　此T值呈自由度 n － 1 的 t 分配。

②利用 t 分配估計常態母群體母體平均數的方法

第一步
從取得的 n 個樣本，計算樣本平均數 $\bar{x}$ 和樣本標準差 s。

第二步
用樣本平均數 $\bar{x}$、樣本標準差 s、以及所要估計的母體平均數 μ，依照以下公式來計算統計量T，它呈自由度 n － 1 的 t 分配：

$$T＝(\bar{x} － \mu) ÷ s × \sqrt{n-1}$$

第三步
從圖表21-1查自由度 n － 1 的95%預測命中區間的臨界值，定出形式為 － α ≤T≤＋ α 的95%預測命中區間。

第四步
解開下式的 μ，就會得出95%信賴區間：

$$－ \alpha \leq \frac{(\bar{x} － \mu)\sqrt{n－1}}{s} \leq ＋ \alpha$$

練習題

假設有一間居酒屋的老闆想要預測營業額，他把營業額當做從常態母群體中觀測到的資料，而欲估算出母體平均數 μ 做為營業額的代表性數值。從營業收據中隨機抽出 8 張之後，得到的數字如下：

45、39、42、57、28、33、40、52（單位為「萬日圓」）

接著依以下步驟，對母體平均數 μ 做區間估計。

首先，樣本平均數 $\bar{x}=$（　　　）。接著再計算樣本變異數：

$$s^2 = \frac{[(\quad) - (\quad)]^2 + [(\quad) - (\quad)]^2 + [(\quad) - (\quad)]^2 + [(\quad) - (\quad)]^2}{(\quad)}$$

$$= (\quad)$$

因此，樣本標準差 $s=$（　　　）。

然後算出 T 值。

$$T = \frac{[(\quad) - \mu]\sqrt{(\quad) - 1}}{(\quad)} = [(\quad) - \mu] \times (\quad)$$

由於 T 呈自由度（　　　）的 t 分配，所以要求出滿足下式的 μ：

（　　　）$\leq [(\quad) - \mu] \times (\quad) \leq$（　　　）

解開這道算式後：

（　　　）$\leq$（　　　）$- \mu \leq$（　　　）

因此，95% 信賴區間為：

（　　　）$\leq \mu \leq$（　　　）

※解答在第203頁

練習題解答

①

組別	組中點	次數	相對次數	累積次數
36~40	38	3	0.0375	3
41~45	43	11	0.1375	14
46~50	48	33	0.4125	47
51~55	53	19	0.2375	66
56~60	58	7	0.0875	73
61~65	63	5	0.0625	78
66~70	68	2	0.025	80

②

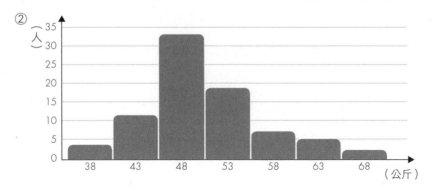

第 2 講

組中點	次數	相對次數	組中點×相對次數
30	5	0.05	1.5
50	10	0.1	5
70	15	0.15	10.5
90	40	0.4	36
110	20	0.2	22
130	10	0.1	13
			合計（平均數）88

第 3 講

第一步：5

第二步：＋1，－1，＋1，＋1，＋1，－2，＋2，－3，－3，＋3

第三步：＋1，＋1，＋1，＋1，＋1，＋4，＋4，＋9，＋9，＋9，平均數4

第四步：$\sqrt{4} = 2$

第 4 講

① 1，不能說　② 2.5，可以說

第 5 講

① 6，6，－4，8　② 6，14，6，－10　③ －5，19，1，7，B，7，A，19

第 6 講

① 0.44　② 5.5

第 7 講

① 600，100，600，100，400，800　② 50，5，50，5，40，60

第 8 講

$\dfrac{x-(160)}{(10)}$，140.4，179.6

第 9 講

100，50，$\sqrt{100}$，5，$\dfrac{x-(50)}{(5)}$，－9.8，50，＋9.8，40.2，59.8，

包括，不拒絕

第 10 講

$\dfrac{(130)-\mu}{(6)}$，－11.76，130，＋11.76，118.24，141.76

第 1 1 講

①

數字	相對次數	數字×相對次數
3	0.3	0.9
5	0.3	1.5
6	0.2	1.2
9	0.2	1.8
	合計	5.4

② 母體平均數 $\mu = 5.4$

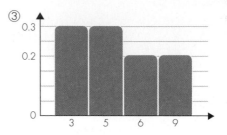

第 1 2 講

①

數字	相對次數	數字×相對次數
11	0.3	3.3
9	0.3	2.7
4	0.2	0.8
1	0.2	0.2
	合計	7

母體平均數 $\mu = 7$

②

數字	偏差	偏差平方	相對次數	偏差平方×相對次數
11	4	16	0.3	4.8
9	2	4	0.3	1.2
4	−3	9	0.2	1.8
1	−6	36	0.2	7.2

③ 15，15，3.87

第 1 3 講

①

	1	2	3	4
1	1	1.5	2	2.5
2	1.5	2	2.5	3
3	2	2.5	3	3.5
4	2.5	3	3.5	4

② 1，2，3，4，3，2，1

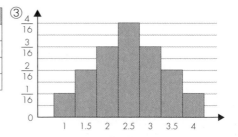

第 1 4 講

① 160，10，160，10，140.4，179.6

② 160，$10/\sqrt{4}$，160，$10/\sqrt{4}$，150.2，169.8

③ 160，$10/\sqrt{25}$，160，$10/\sqrt{25}$，156.08，163.92

第 1 5 講

① $\dfrac{(130)-\mu}{(10)}$，110.4，149.6

② 136，$\sqrt{4}$，5，$\dfrac{(136)-\mu}{(5)}$，126.2，145.8

第 1 6 講

0.5724，0.0718，0.5724，0.0718，0.5006

第 1 7 講

76，80，77，80，83，80，84，80，16，9，9，16，50，4，0.4844，
50，11.1433，50，11.1433，50，0.4844，4.487，103.220

第 1 8 講

10，−7，−1，+1，+7，4，25，5，4，25，100，3

第 1 9 講

80，76，80，77，80，83，80，84，80，4，−4，−3，+3，+4，4，12.5，
50，3，0.2157，50，9.3484，50，9.3484，50，0.2157，5.34，231.80

第 2 0 講

10，3，10，9，10，11，10，17，10，4，25，5，−2，3，5，−0.6928

第 2 1 講

42，3，−3，0，15，−14，−9，−2，10，8，78，8.83，42，8，8.83，
42，0.3，7，−2.365，42，0.3，2.365，−7.88，42，7.88，34.12，49.88

中譯	日文	英文	頁碼
夏普指數	シャープレシオ	SPM，Sharpe ratio	14, 67, 68, 69, 70
柴比雪夫不等式	チェビシェフの不等式	chebyshev's inequality	129
高斯	ガウス	Carl Friedrich Gauss	108
十一劃			
《國情論》	国情論	Notitia rerum publicarum	12
假設檢定	仮説検定	hypothesis testing	100, 101
偏差	偏差	deviation	40, 42, 43, 44, 45, 47, 50, 51, 54, 55, 57, 123, 155, 161, 170, 176, 179, 184
參數	母数；パラメーター	parameter	97, 98, 99, 101, 104, 105, 110, 178, 179, 184
常態分配	正規分布	normal distribution	13, 51, 72, 76, 77, 78, 79, 80, 81, 82, 83, 84, 89, 90, 92, 98, 99, 101, 105, 107, 108, 129, 137, 138, 139, 140, 141, 145, 147, 155, 156, 158, 162, 163, 177, 178, 179, 184, 186, 187, 189, 190, 194, 196
常態母群體	正規母集団	normal population	107, 110
常數	定数	constant	54, 55, 56, 76
康令	ヘルマン・コンリング	Hermann Conring	12
推論統計	推測統計	inferential Statistics	12, 13, 14, 15, 42, 84, 94, 95, 96, 102, 103, 115, 116, 128, 131, 194
敘述統計	記述統計	descriptive Statistics	12, 13, 14
統計量	統計量	statistic	13, 22, 26, 29, 30, 39, 40, 41, 57, 60, 72, 108, 123, 126, 154, 156, 157, 158, 160, 161, 162, 164, 165, 170, 171, 172, 173, 174, 175, 176, 178, 179, 180, 184, 185, 186, 187, 188, 189, 190, 194, 195, 197, 198
組中點	階級値	class midpoint	22, 23, 25, 30, 31, 32, 34, 44, 45, 119
組合	コンビネーション	combination	15, 16
組別	階級	classes	22, 23, 24, 30, 31, 32, 73, 74, 79
累積次數	累積度数	cumulative frequency	23, 24
貨幣市場共同基金	MMMF	money market mutual fund	64
十二劃			
幾何平均數（相乘平均數）	幾何平均（相乗平均）	geometric mean	35, 36
期望值	期待値	expected value	14, 16
測度論	測度論	measure theory	75
無母數	ノンパラメトリック	non-parametric	145

國家圖書館出版品預行編目(CIP)資料

圖解統計學入門(修訂版) / 小島寬之著；韓雅若譯. -- 修訂2版. -- 臺北市：
易博士文化, 城邦事業股份有限公司出版：英屬蓋曼群島商家庭傳媒股份有
限公司城邦分公司發行, 2023.02
　　面；　公分
譯自：完全独習　統計学入門
ISBN 978-986-480-254-8(平裝)
1.CST：統計學
　510　　　　　　　　　　　　　　　　　　　　　111017731

DK0112

圖解統計學入門【修訂版】

原　　書　　名 /	完全独習　統計学入門
原　出　　版　社 /	ダイヤモンド社
作　　　者 /	小島寬之
譯　　　者 /	韓雅若
選　　書　　人 /	蕭麗媛
執　行　編　輯 /	蔡曼莉、呂舒峮
企　畫　監　製 /	蕭麗媛
業　務　經　理 /	羅越華
總　　編　　輯 /	蕭麗媛
視　覺　總　監 /	陳栩椿
發　行　　人 /	何飛鵬
出　　　版 /	易博士文化

城邦文化事業股份有限公司
台北市中山區民生東路二段141號8樓
電話：(02) 2500-7008　傳真：(02) 2502-7676
E-mail: ct_easybooks@hmg.com.tw

發　　　　　行 / 英屬蓋曼群島商家庭傳媒股份有限公司城邦分公司
台北市中山區民生東路二段141號2樓
書虫客服務專線：(02) 2500-7718、2500-7719
服務時間：週一至週五上午09:30-12:00；下午13:30-17:00
24小時傳真服務：(02) 2500-1990、2500-1991
讀者服務信箱：service@readingclub.com.tw
劃撥帳號：19863813
戶名：書虫股份有限公司

香港發行所 / 城邦（香港）出版集團有限公司
香港灣仔駱克道193號東超商業中心1樓
電話：(852) 2508-6231　傳真：(852) 2578-9337
E-mail: hkcite@biznetvigator.com

馬新發行所 / 城邦（馬新）出版集團【Cite (M) Sdn. Bhd.】
41, Jalan Radin Anum, Bandar Baru Sri Petaling,
57000 Kuala Lumpur, Malaysia.
電話：(603) 9057-8822　傳真：(603) 9057-6622
E-mail: cite@cite.com.my

封　面　構　成 / 陳姿秀
美　術　編　輯 / 簡至成
製　版　印　刷 / 卡樂彩色製版印刷有限公司

■2011年07月19日初版1刷《圖解不再嫌惡統計學》
■2017年10月24日修訂（更定書名為《圖解統計學入門》）
■2023年02月16日修訂2版
ISBN 978-986-480-254-8

城邦讀書花園
www.cite.com.tw

定價350元　HK$ 117